Silvia Zulauf

Unternehmen und Mythos

Silvia Zulauf

Unternehmen und Mythos

Der unsichtbare Erfolgsfaktor

2., erweiterte Auflage

Bibliografische Information der Deutschen Nationalbibliothek
Die Deutsche Nationalbibliothek verzeichnet diese Publikation in der
Deutschen Nationalbibliografie; detaillierte bibliografische Daten sind im Internet
über <http://dnb.d-nb.de> abrufbar.

Silvia Zulauf, Diplom-Kommunikationswirtin, ist Spezialistin für Mythos-Research
und Mythos-Entwicklung. Sie arbeitet für Marken- und Technologie-Unternehmen
sowie CI-Agenturen.

1. Auflage 1994
2., erweiterte Auflage 2009

Alle Rechte vorbehalten
© Gabler | GWV Fachverlage GmbH, Wiesbaden 2009

Lektorat: Ulrike M. Vetter | Sabine Bernatz

Gabler ist Teil der Fachverlagsgruppe Springer Science+Business Media.
www.gabler.de

Das Werk einschließlich aller seiner Teile ist urheberrechtlich geschützt. Jede Verwertung außerhalb der engen Grenzen des Urheberrechtsgesetzes ist ohne Zustimmung des Verlags unzulässig und strafbar. Das gilt insbesondere für Vervielfältigungen, Übersetzungen, Mikroverfilmungen und die Einspeicherung und Verarbeitung in elektronischen Systemen.

Die Wiedergabe von Gebrauchsnamen, Handelsnamen, Warenbezeichnungen usw. in diesem Werk berechtigt auch ohne besondere Kennzeichnung nicht zu der Annahme, dass solche Namen im Sinne der Warenzeichen- und Markenschutz-Gesetzgebung als frei zu betrachten wären und daher von jedermann benutzt werden dürften.

Umschlaggestaltung: Nina Faber de.sign, Wiesbaden
Druck und buchbinderische Verarbeitung: Krips b.v., Meppel
Gedruckt auf säurefreiem und chlorfrei gebleichtem Papier
Printed in the Netherlands

ISBN 978-3-8349-1289-3

Der aufregende Weg zum Ziel

Was ich unter dem Begriff Mythos suchte und fand, waren Sinn, Authentizität, Begeisterung und Faszination. Der Stoff also, aus dem Motivation und Identifikation gemacht sind – und der Unternehmenskultur so wertvoll macht.

Der Weg zum Ziel war aufregend und steinig. Ich stolperte über die vielfältigen Definitionen des Mythos in der Unternehmenskulturliteratur und in anderen Geisteswissenschaften. Schließlich gelang es aber, die einzelnen Bausteine zu einem begehbaren Gedankengebäude zusammenzufügen. Es erlaubt interessante Ausblicke!

Ich danke den Inhabern der Springer & Jacoby Werbung GmbH & Co. KG, der C. Bechstein Pianofortefabrik AG und der Adolf Würth GmbH & Co. KG sowie ihren Mitarbeitern und Mitarbeiterinnen für ihr Vertrauen und ihre Offenheit.

Ich danke Prof. Volker Riegger für seinen kompetenten Rat in der Entstehungs- und Umsetzungsphase des Mythos-Konzeptes und Prof. Dr. Michael Hoffmann für viele anregende Gespräche.

Mein ganz besonderer Dank gilt meinem Mann Helge Leiberg, der das Projekt von Anfang an mit seiner Begeisterung und Zuversicht stärkte.

Berlin, März 2009   Silvia Zulauf

Inhaltsverzeichnis

Der aufregende Weg zum Ziel _____ 5
Einleitung _____ 13
1. Mythos im Management _____ 15
2. Kultur – geistige Haltung einer Gemeinschaft ___ 19
3. Corporate Identity _____ 21
4. Mythos und Wahrheit _____ 25
5. Mythos und Logos _____ 29
Mythische Wahrnehmung und logisches Denken ___ 29
Mythos, Kunst und Kultur _____ 32
Der Mythos als kulturelles Paradigma _____ 33
Pscudomythen, Ideologien und mythische Symbole ___ 34

6. Mythodynamik _____ 37
Der charismatische Sinnvermittler _____ 38
Historische Mythen _____ 39
Zukunftsvisionen _____ 39
   Experiment eines italienischen Unternehmers ___ 40
Produkt- und Markenmythos _____ 42
Pseudomythen _____ 43
Die mythischen Grundannahmen _____ 44
Mythen managen die Kultur _____ 45

Stabilisierung des Wertesystems — 46
Steuerung des Verhaltens — 46
Vermittlung von Sinn und Sicherheit — 47
Welterzeugung — 47

7. Ideologie und Mythos — 49

8. Mythische Botschaften — 53

9. Mythen brauchen Symbole — 57

10. Symbolische Sprache — 59

Mythische Geschichten — 61
Erzählungen und Anekdoten — 61
Poesie und Gesang — 66
Witze, Kalendersprüche, Graffitis — 67
Slogans — 67
Affirmationen — 68
Aphorismen — 69
Sprachregelungen — 69

11. Riten und Zeremonien — 71

12. Das „heilige" Objekt — 75

13. Ist ein Mythos steuerbar? — 77

Der ideologische Ansatz — 78
Der verhaltensorientierte Ansatz — 78
Der symbolische Ansatz — 79

14. Unternehmensmythen auf der Spur — 81

Bechstein – Vom Mythos zur Dachmarke   83
Gründung der Firma Bechstein   84
Ortsbeschreibung   86
Image und Tradition   87
Der Bechstein-Mythos   90
    Carl Bechstein   90
    Die Gründungs-Geschichte   91
    Storys und Anekdoten   92
    Mythische Symbole   94
    Zeremonien und Rituale   98
    Der Held   100
Ein Mythos wird aufgelöst   102
2009: Die Dachmarke C. Bechstein   105
    Partizipation oder Kannibalisierung?   110

Würth –
Mit Calvin, Kunst und Küng zum Global Player   113
Der Mythos   116
    Die Gründungsgeschichte   116
    Der charismatische Chef   117
Die Würth-Ideologie   123
    Wachstum hält jung   123
    Leistung macht Spaß   125
    Das Unternehmen als
    „Marktplatz der Kommunikation"   125
Management und Personalpolitik   126
    Motivationspakete   130

Die Schraube als mythisches Produkt _____ 134
Fazit _____ 135
2009: Die Konzernzentrale zieht in die Schweiz –
Reinhold Würth nach Österreich _____ 136
   Mit Calvin, Kunst und Küng zum Global Player _____ 137
   Vater/Tochter – König/Königin _____ 138

Springer & Jacoby – Der Magic-Mix-Mythos _____ **141**

Vom „Dicken Mann" zum „Pistolenfön" _____ 143
Qualität durch gute Laune _____ 152
Der „Magic Mix": Reini und Konstantin _____ 153
„Hier ist Reini!" _____ 156
Die „Trickkiste" _____ 160
   Das „4K-Bewertungssystem" oder:
   „Pfeile, die man fliegen sieht, fliegen langsamer" _____ 160
   Das „3E-Arbeitsprinzip":
   Einfach – Einfallsreich – Exakt _____ 161
   Der „Segeltest" _____ 161
   Das Agentur-Grundgesetz _____ 162
   Good Vibrations durch Checks und Rituale _____ 163
   Die Bußwoche _____ 165
„Die Kreation rauslassen" _____ 167
Das Geheimnis des Pistolenföns _____ 169
2009: Ein Mythos hebt ab _____ 172
   Realitätsverlust durch Mythos _____ 173
   Reanimation einer Marke _____ 174
   Der „Magic-Mix"-Mythos bleibt das Herz
   von Springer & Jacoby _____ 176

15. Schlussfolgerungen für Mythos-Manager _____ 179

16. Der Mythos ist das Herz der Marke _____ 183

Literatur- und Quellenverzeichnis _____ 185

Die Autorin _____ 192

Einleitung

Dieses Buch bringt die vielfältigen Erscheinungsformen des Mythos auf einen Nenner: den Mythos als Wahrnehmungsprinzip, als Mittler von Sinn und Bedeutung und als natürliche Kraftquelle für Unternehmen und Marken. Entstanden ist ein integratives Kommunikationskonzept mit magischer Wirkkraft. Das Buch zeigt, mit welcher Zeichensprache sich die mythische Realität in Unternehmen offenbart und wie die Unternehmensleitung den Mythos als Erfolgspotenzial einsetzen kann.

Anfang der 90er, als ich mich in meiner Diplomarbeit erstmals mit dem Thema beschäftigt habe, war ein Management-Konzept unter dem Begriff „Mythos" noch nicht zu vermitteln. Die Assoziationen zum „Mythos" bewegten sich zwischen der griechischen Sagenwelt und der Bedeutung des Mythos als „Lügengeschichte". Der Begriff Mythos war nicht marktfähig.

In den vergangenen 16 Jahren hat die Zeit für mich gearbeitet. Werbe- und CI-Agenturen erkennen inzwischen deutlich das Potenzial des Mythos für die Entwicklung von Marken. Heute stoße ich mit dem Thema sofort auf offene Ohren und Türen. Alle reden vom Mythos und verstehen ihn kurzschlüssig zuerst so: Produkte und Dienstleistungen sollen mit der Bedeutungsebene eines Mythos aufgeladen werden.

Doch diese Oberflächensicht wird dem Potenzial, das im Mythos eines Unternehmens steckt, seiner ausrichtenden und handlungsorientierenden Kraft, die bis hin zur „Selffulfilling

Prophecy" reicht, nicht gerecht. Die Entwicklung eines Unternehmensmythos kann nicht als Agenturleistung ausgelagert werden – sie muss sich im Unternehmen selbst authentisch vollziehen. Die Unternehmensleitung und ihre interne Kommunikation begründen den Mythos.

Ein künstlicher Produkt-Mythos folgt dem Zeitgeist, er kann kurzlebig und austauschbar sein. Die Geister, die ihn riefen, jagen ihn auch wieder fort.

Ein Unternehmens-Mythos dagegen entsteht aus authentischem Stoff: durch realen Sinn, durch Werte, durch Ethos und Pathos. Er wächst von innen nach außen. Hat er erst einmal Schwung aufgenommen, dann entwickelt er ein Zeichen- und Symbol-System, das auf der ganzen Welt verstanden wird: Er zieht die besten Mitarbeiter an, öffnet den Zugang zu neuen Märkten und trägt das Unternehmen über Klippen und Krisen hinweg. Er wird verbreitet durch alle, die in sein Kraftfeld geraten, und überträgt sich wie ein „Made in Germany" langfristig auf Produkte und Dienstleistungen. Ein Unternehmens-Mythos ist kein Luxus, sondern ein Wettbewerbsvorteil, der sich immer auszahlt.

Wenn ein Unternehmen gut ist, wächst ihm ein Mythos zu: über seine Produkte, seine Haltung, seinen Stil, seinen Geist. Doch ein Unternehmens-Mythos muss auch lebendig gehalten und weiterentwickelt werden. Sonst birgt er die Gefahr, zu Selbstüberschätzung, Erstarrung und in die Irre zu führen. Um einen Mythos zu stärken, zu lenken oder auch zu verändern, muss man seine Zeichensprache verstehen. Nach dem stark komprimierten theoretischen Grundlagenteil führen die über 15 Jahre hinweg aufgezeichneten Fallbeispiele der Springer & Jacoby Werbung GmbH & Co. KG, der C. Bechstein Pianofortefabrik AG und der Adolf Würth GmbH & Co. KG praktisch in die Zeichensprache des Mythos ein.

1. Mythos im Management

Dem Mythos in der Kultur von Unternehmen eine besondere Bedeutung zumessen zu wollen, das erscheint zunächst gegensinnig: waren doch gerade die Großunternehmen Motor der industriegesellschaftlichen Rationalisierung, die unsere moderne Gesellschaft prägt. Managementlehre und -praxis wurden lange bestimmt von rein funktionalen Rationalisierungsgedanken. Ihr Ziel war die Kontrolle und die Beherrschung von Komplexität und Ungewissheit. Management bedeutete System- und Verhaltenssteuerung.

Was bei diesem sozialtechnologischen Management auf der Strecke blieb, war der Sinnzusammenhang für die Mitarbeiter – und damit die innere Motivation und Identifikation mit dem Unternehmen. Das rationalistische Paradigma vom „Glauben daran: dass man, wenn man nur wollte ... alle Dinge – im Prinzip – durch Berechnen beherrschen könne" (Weber) ist in eine Krise geraten. Auch im Management.

Das Konzept der Unternehmenskultur hat sich inzwischen als Führungstechnik der Zukunft etabliert. Es baut auf die Entwicklung gemeinsamer Überzeugungen, auf sozial vermittelte Wertschätzung und auf die Identifikation der Mitarbeiter mit den Unternehmenszielen auf.

Bei der Vermittlung von Sinn spielten Mythen und mythenanaloge Symbole in allen Kulturen eine wichtige Rolle. Diese kulturgeschichtlich alten Formen der sozialen Integration und Handlungskoordination wirken auch in modernen Großunternehmen.

Durch symbolische Interaktionen werden unternehmenskulturelle Sinnzusammenhänge zwischen den Unternehmensmitgliedern entwickelt, gepflegt und überliefert. Dabei spielen Geschichten und Anekdoten, die zentrale Erfahrungen, Wertvorstellungen und Überzeugungen vermitteln, eine besondere Rolle. Storys über die heldenhaften Taten des Firmengründers kursieren oft noch über ein Jahrhundert nach seinem Tod und prägen das Denken und Handeln der Mitarbeiter.

Mythische Begründungszusammenhänge und Sinnsysteme können durch die subjektiv-interpretative Analyse der mythenanalogen Symbole durch die Mitarbeiter eines Unternehmens identifiziert werden.

Um die Frage, inwieweit ein Mythos durch symbolisches Management und durch andere Kultursteuerungstechniken „machbar" ist, zu beantworten, geht dieses Buch zunächst dem schillernden Begriff „Mythos" mit seinen unterschiedlichen Bedeutungen nach.

Es gibt kein Gesamtkonzept des Mythos – aber viele Einzelkonzepte. Der Mythos ist Gegenstand vieler Denktraditionen und Wissenschaftsdisziplinen. Unter Berücksichtigung der Erkenntnisse aus Philosophie, Psychoanalyse, Anthropologie und Ethnologie, vergleichender Religionswissenschaft, Gehirnforschung, Kognitionsforschung, Philologie und Semiologie habe ich ein integrales Konzept entwickelt, das die verschiedenen Mythos-Theorien „unter einen Hut" bringt. Es lassen sich drei Bedeutungsebenen des Mythos unterscheiden:

- ▶ der Mythos als Erkenntnisinstrument,
- ▶ der Mythos als kulturelles Paradigma und
- ▶ das mythische Symbol.

Bei der Analyse und Ausrichtung von Unternehmen wirken sich alle Erscheinungsformen des Mythos aus. Das theoretische Konzept findet seine praktische Anwendung in den Mythos-Analysen der Fallbeispiele. An ihnen wird über einen Zeitraum von 15 Jahren lebendig nachvollziehbar dokumentiert, wie ein Mythos entsteht, welche Stärken und Gefahren ein Unternehmensmythos mit sich bringt und wie seine Entwicklung gesteuert werden kann. Dabei eröffnet sich eine neue Perspektive für die Wahrnehmung von Unternehmenskultur.

2. Kultur – geistige Haltung einer Gemeinschaft

Kultur umfasst die gemeinsamen Grundannahmen und Zielsetzungen einer Gruppe von Menschen. Durch die Interaktion der Gruppenmitglieder entstehen Symbolsysteme, die der Vermittlung und Bewahrung der Kultur dienen.

In dem Begriff Unternehmenskultur drückt sich also ein Verständnis des Unternehmens als Miniaturgesellschaft aus, in der sich eine eigene Kultur entwickelt. Sie beinhaltet die Grundannahmen, Vorstellungs- und Orientierungsmuster, die sich im Laufe einer Unternehmensgeschichte durch die kommunikativen Interaktionen der Mitglieder herausgebildet haben.

In diesen „Geist des Hauses" sind auch die individuellen Prägungen der einzelnen Kulturmitglieder eingewebt, die durch andere Kulturebenen erworben wurden. Ausgehend vom historisch-evolutionären Gedächtnis der „Kultur der Menschen" über die Landeskultur bis hin zur Kultur der Familie und Freizeitorientierung.

Die Unternehmenskultur wird einerseits von den Mitgliedern entwickelt, andererseits entwickeln diese ihre Identität, ihre Wertvorstellungen und Ziele innerhalb der kulturellen Gemeinschaft.

20 Kultur – geistige Haltung einer Gemeinschaft

Diese mentale Kultur der geteilten Werte und Orientierungsmuster liegt dem täglichen Handeln zugrunde, sie wird im Allgemeinen aber nicht reflektiert, sondern bleibt unbewusst.

Unternehmenskultur ist das Ergebnis eines entwicklungsgeschichtlichen Lernprozesses, der im Umgang mit internen und externen Problemen vollzogen wird. Dabei entstehen Denk- und Problemlösungsmuster, die Sinn und Orientierung für das organisatorische Handeln liefern.

In Form von Symbolen und symbolischen Handlungen wird der „Geist des Hauses" an Neueintretende weitergegeben. Die Stärke einer Unternehmenskultur wird bestimmt durch die Identifikation der Mitarbeiter mit den Werten und Zielen des Unternehmens.

Unternehmenskultur soll die Führung eines Unternehmens erleichtern, indem sie formale Regelungsmechanismen ersetzt durch einen Basiskonsens der Mitarbeiter. Durch Identifikation und Internalisierung der Werte und Normen des Unternehmens soll eine gemeinsame Ausrichtung auf das Unternehmensziel erreicht werden.

Koordination und Integration der unterschiedlichen Interessengruppen und Motivation durch Sinnvermittlung sind die originären Funktionen der Unternehmenskultur, aus denen sich die derivaten Funktionen, nämlich Steigerung der Produktivität und Effizienz, ergeben.

3. Corporate Identity

Das CI-Konzept entstand in den 70er Jahren. Man erkannte damals, dass Markenbildung, Design und Imagepflege nicht ausreichen, um langfristig „das öffentliche Vertrauen" zu gewinnen. Durch eine Vernetzung der Faktoren Design, Verhalten und Kommunikation sollte eine prägnante Unternehmens-Persönlichkeit mit hoher Glaubwürdigkeit und hohem Wiedererkennungswert geschaffen werden.

„Wir haben eine CI verpasst bekommen" – das ist der Satz, den man häufig von Mitarbeitern nach der Durchführung des Identitäts-Programms hört. Die Entwicklung einer Corporate Identity ist ein sehr komplexer Prozess. Häufig wird er abgekürzt, indem statt eines CI nur ein CD durchgeführt wird: die Überarbeitung von Firmenlogo, Hausschrift, Hausfarbe und Produktgestaltung.

Das erwünschte „Wir-Gefühl" – mit Steigerung der Arbeitszufriedenheit, Motivation und Leistung – stellt sich durch eine **Corporate-Design**-Maßnahme bei den Mitarbeitern jedoch nicht ein.

Um nach außen ein möglichst genaues Abbild der gewünschten Identität zu erzeugen, werden im nächsten Schritt systematisch alle Kommunikationsinstrumente kombiniert: Ein einheitliches Briefing richtet Werbung, Verkaufsförderung, Personalmarketing, Presse- und Öffentlichkeitsarbeit, Sponsoring und Mitarbeiterkommunikation aus. Das Ziel der **Corporate Communication** ist das Corporate Image.

Doch um langfristig das öffentliche Vertrauen zu gewinnen, braucht es mehr als Design und Image: Das Selbstverständnis muss auch „gelebt" werden. **Corporate Behaviour** bezeichnet den Verhaltenstil des Unternehmens und seiner Mitarbeiter nach innen und außen. Wie geht man miteinander um – und wie mit Kunden und Lieferanten? Wie verhält sich das Unternehmen gegenüber Staat, Öffentlichkeit und Umwelt? Nimmt es gesellschaftliche und kulturelle Interessen wahr? Ist es ehrlich und berechenbar?

Leider wird dieser Schritt oft nur halbherzig gemacht – oder gleich ganz ausgelassen. Bei diesem Schritt geht es nämlich an die „Substanz" des Unternehmens. Er ist nicht einfach von außen „machbar" wie ein neues Design oder ein neuer Werbespot. Es reicht nicht, das gewünschte Verhalten und die gewünschte Zukunft des Unternehmens einfach in einem Leitbild, in einer Philosophie, schriftlich zu fixieren.

Denn das Verhalten der Unternehmensmitglieder ist direkter Ausdruck ihrer Unternehmenskultur. Es wird von ihren Grundannahmen, Werten und Normen ausgerichtet. Doch leider ist ihre eigene Kultur für viele Unternehmen eine „Black Box". Weil die Unternehmens-Mitglieder Teil ihrer Kultur sind, können sie sie nicht erkennen. Das funktioniert genau so wie im Knoblauch-Beispiel: Wer ihn gegessen hat, riecht ihn nicht.

Erst eine tiefgreifende Kultur-Analyse leuchtet diese Black Box aus. Und – gehen wir noch einen Schritt weiter, dann stehen wir vor dem Phänomen, das die Grundannahmen, Werte und Normen ausrichtet: dem Mythos. Jedes Unternehmen hat einen Mythos. Um ihn freizulegen, muss man seine Sprache kennen, seine Zeichen entziffern.

Anliegen dieses Buches ist es, Unternehmer und Manager zu ermutigen, ihren Mythos auszugraben, ihn genau wahrzunehmen, mit ihm in den Dialog zu treten, ihn zu entwickeln und zu pflegen. Macht ihn zum Ausgangspunkt, zum „Dreh- und-Angel-Punkt" Eurer Corporate Identity!

Eine CI, die auf logischer Ebene die Eigenschaften und Besonderheiten eines Unternehmens kommuniziert, wird verstanden und vielleicht auch bewundert. Gewissheit über die Identität einer Firma, den Bereich des Fühlens und Glaubens, den erreicht sie nur, wenn ein Mythos als Kristallisationspunkt wirkt.

4. Mythos und Wahrheit

„Nur was ich glaube, weiß ich gewiss."

Wilhelm Busch

In den Medien wird der Begriff Mythos oft mit „Lüge" und „Verschleierung" gleichgesetzt. Typische Aufmacher sind: „Mythos Bankgeheimnis" – „Diät-Mythen" – oder „Der Mythos von den leergefischten Meeren".

Dabei bezeichnete Mythos ursprünglich genau das Gegenteil von Lüge, nämlich das „wahre Wort". Die Wandlung, die der Begriff Mythos zurückgelegt hat, verläuft parallel zur Entwicklung der Weltanschauung des Menschen. Durch die antiken Tragödien wurde er zur „autoritativen Überlieferung" und schließlich zum „Erdichteten und Phantastischen", zur „Fabel" und „Göttersage". So findet sich bei Platon alles, was nicht begründbar und beweisbar ist, unter „Mythologie" wieder, als *pheme*, als Gerücht, das aber auch auf Wahres verweist. Die Aufklärung sah den Mythos als kindliche Vorstufe des logischen Denkens, die überwunden werden muss. Sie hat uns Menschen dazu veranlasst, die erklärbare, wissenschaftlich beweisbare Welt über die emotionale Welt des Glaubens und der Gewissheiten zu stellen.

Definiert man Wahrheit als das, was sich mit den eigenen Grundannahmen und denen unserer Kultur deckt, dann lässt sich nachvollziehen, warum jetzt der Mythos nicht mehr für Wahrheit, sondern zunehmend für das frei Erfundene, das nicht Beweisbare steht.

Im 20. Jahrhundert wird das Phänomen Mythos Untersuchungsgegenstand aller geisteswissenschaftlichen Disziplinen, es entstehen entsprechend viele Theorien und Definitionen. Als Projektion menschlicher Probleme und Erfahrungen wird er beispielsweise von der Psychologie gedeutet und von der Ethnologie als Erzählung, die existenzielle Grunderfahrungen bearbeitet.

Heute stehen wir vor einer neuen Akzeptanz des Mythos. Man sieht im logischen Denken nicht mehr die Ablösung des mythischen Denkens. Mythos und Logos werden zunehmend als zwei gleichwertige Verarbeitungsweisen definiert, die sich auf unterschiedliche Aufgaben richten.

Konsens ist: Wir denken entweder in Begriffen und logischen Strukturen – oder in Bildern, Melodien und Geschichten. Das, was uns der Mythos vermittelt, liegt jenseits der Sprache. Er ist das Vehikel für die Bedeutung, die durch „Hörensagen" weitergegeben wird, den Sinn, der durch mündliche Tradition vermittelt wird. Der Mythos bearbeitet die Aspekte der Realität, die nicht durch wissenschaftliche Erklärungen verstanden werden können. Der Mythos ist nicht logisch und muss nicht wahr sein, was er erzeugt, ist Gewissheit.

Ein Mythos, der Gewissheit erzeugt, wird nicht hinterfragt, meist nicht mal wahrgenommen. Er beleuchtet etwas, bleibt jedoch selbst im Dunkeln. Er begründet sich selbst.

Aufgrund dieser großen Überzeugungskraft wird der Mythos aber auch als wirkungsvolles Instrument zur „Verschleierung" und „Mystifizierung" missbraucht. Er verleiht Informationen, Ideologien, Produkten und Personen Glaubwürdigkeit und Macht.

Der liberale und aufgeklärte Mensch hat gelernt, dass sich hinter dem Schleier der Wahrheit, hinter der Darstellung objektiver Tatsachen häufig weltanschauliche Interessen verbergen. Wird das Vertrauen in den wahren Gehalt einer Information erschüttert, dann entlarven wir sie empört als „Mythos".

Der Mythos transportiert nicht Wahrheit, sondern Bedeutung. Solange sich seine Bedeutung mit unseren Grundannahmen und rationalen Überzeugungen deckt, befriedigt er unsere Sehnsucht nach Gewissheit. Doch umso größer ist die Enttäuschung, wenn wir uns in unserem Fühlen und Glauben betrogen fühlen, wenn wir erkennen, dass unsere „Lücke im Schirm der Rationalität" ausgenutzt wurde.

Das verpflichtet die Arbeit mit dem Mythos zur Ehrlichkeit.

5. Mythos und Logos

Die Bedeutungen, die der Begriff „Mythos" umfasst, reichen vom tiefgründigen „Mythos der ewigen Wiederkehr", der religiöse Wahrheiten beinhaltet, über Mythen zur Vermittlung kultureller Inhalte bis hin zu Symbolen mit mythischer Bedeutung, wie z. B. der Mythos „Coca-Cola". Aber wo liegen die Gemeinsamkeiten – und wo verläuft die Trennlinie – zwischen dem Mythos als Erkenntnisinstrument, kulturellen Mythen zur Sinnstiftung und Markenmythen?

Mythische Wahrnehmung und logisches Denken

Die drei unterschiedlichen Definitionen des Mythos stiften immer wieder viel Verwirrung. Klarheit gewinnt man, wenn man sie aus ihrem Entstehungsprozess heraus als drei Ebenen begreift. Die erste Ebene ist die mythische Bewusstseinsschicht. Ihre analoge Wahrnehmungs- und Verarbeitungsweise ist der Nährboden für die beiden anderen Ebenen: Dem aus Grundannahmen entwickelten Weltbild – und mythischen Inhalten, die an Symbole oder Ideologien geknüpft sind.

Den Bedeutungsrahmen des Mythos kann man ohne seinen Ergänzungspartner, den Logos, nicht erfassen. Denn das logische und das mythische Denken sind zwei unterschiedliche

Fähigkeiten des Wahrnehmens. Erst durch ihr wechselseitiges Zusammenwirken entsteht das Bild, das wir uns von der Wirklichkeit machen.

Die unterschiedlichen Wahrnehmungsweisen, Fähigkeiten und Funktionen des logischen und mythischen Denkens finden sich auch in den Erkenntnissen der Gehirnforschung wieder. Es zeigen sich sogar frappierende Parallelen zwischen dem, was als mythische Wahrnehmung bezeichnet wird und den Fähigkeiten der rechten Gehirnhemisphäre. Unser mythisches Wahrnehmungsorgan scheint die Fähigkeiten der rechten Gehirnhemisphäre intensiv zu nutzen.

Die Voraussetzungen für das logische Denken sind dagegen fast ausschließlich in der linken Gehirnhälfte lokalisiert.

Das logische Denken beruht darauf, dass wir unsere Umwelt beobachtend wahrnehmen. Dabei trennen wir uns als Subjekt von dem ab, was uns umgibt: Es wird zum Objekt unserer Wahrnehmung. Unser wichtigstes „Wahrnehmungsorgan" für diesen Prozess ist die Sprache. Denn erst sie befähigt uns, Informationen in chronologischer Reihenfolge aufzunehmen, weiterzuverarbeiten und sie unserem Bewusstsein wieder zugänglich zu machen. Die Sprache ist damit die Voraussetzung für unsere logischen, analysierenden und kategorisierenden Fähigkeiten. Mehr noch: Wir nehmen nur das bewusst wahr, was vom Sprachzentrum reflektiert wird. Durch die beschreibende Wiederholung unserer bewussten Erlebnisse entsteht dieser ständige Fluss von Reflexionen, den wir Bewusstsein nennen.

Die mythische Wahrnehmungsweise dagegen ist nicht an die Sprache gebunden und daher auch nicht durch ihre Begriffe begrenzt. Sie denkt bildhaft mit Hilfe eines Zeichen- und Symbolsystems.

Sie speichert das Wissen, das sich nicht verbal ausdrücken lässt. Sie nimmt ganzheitlich wahr, versteht Analogien und Metaphern, denkt „synthetisch" und spielt eine große Rolle bei der Verarbeitung von Gefühlen.

Das *„Gefühl für das Richtige"* ist eine Wahrnehmung der rechten Gehirnhälfte bzw. der mythischen Bewusstseinsschicht. Hier entspringen die ethischen, sinnlichen und ästhetischen Bedürfnisse wie Sinn, Wahrheit, Wert, Qualität und Schönheit.

Durch ihre abstrakten, analogen und sinnlichen Fähigkeiten erkennt die mythische Bewusstseinsschicht größere Zusammenhänge und erfasst Situationen intuitiv. Sie ermöglicht das „Fingerspitzengefühl" für die richtigen Entscheidungen.

Die mythische Bewusstseinsschicht trennt uns – im Gegensatz zur Verarbeitungsweise des logischen Denkens – nicht ab von unserer Umwelt: *Sie lässt uns die ganze Präsenz einer Situation empfinden.* Diese ganzheitliche Grunderfahrung ist der implizite Begründungszusammenhang, der empfundene Sinn, der unserem Weltbild zugrunde liegt.

Erfahrungen dieser Qualität können nicht begrifflich ausgedrückt werden, denn die Struktur der Sprache setzt die Subjekt-Objekt-Trennung voraus.

Laotse drückt diese Erkenntnis, dass jedes Benennen eine subjektive Wirklichkeit erzeugt, in seinem ersten Satz des Tao Te King so aus:

„Der Sinn, den man ersinnen kann, ist nicht der ewige Sinn; der Name, den man nennen kann, ist nicht der ewige Name."

Und das I-Ging, das chinesische *„Buch der Wandlungen"*, sagt:

„Wer weiß, redet nicht; wer redet, weiß nicht."

Mythos, Kunst und Kultur

Was der Sprache nicht zugänglich ist, kann mit einem Bild ausgedrückt werden. Symbole sind die Sprache der mythischen Bewusstseinsschicht. Durch gemalte, getanzte und geknüpfte Kunstwerke haben die Menschen schon immer versucht, „das Eigentliche" mitzuteilen. Oder durch einen bildlichen Ausdruck, der nicht mehr Materie, sondern Wort ist: durch die Metapher.

Der Mythos als „heilige" Geschichte ist das in Worte gefasste Bild. Er soll das Ergebnis einer „Erleuchtung" hervorheben.

Die großen Mythen der Menschheit verbergen sich in den Leitbildern jeder Epoche. Sie äußern sich in den Religionen, Philosophien, politischen Überzeugungen, in der Dichtung, der Malerei, im Theater, in der Musik und im Film.

Die Umsetzung dieser kulturellen Zeugnisse entsteht jedoch erst durch das Zusammenspiel von Mythos und Logos, von der rechten und linken Gehirnhälfte. Die beiden Hemisphären stehen über einen Nervenstrang, den Corpus Callosum, in einem fortwährenden Austausch. Erst ihr Zusammenwirken ermöglicht die Entstehung eines subjektiven Bewusstseins und die Freisetzung von Kreativität.

Nach einer heftig umstrittenen These von Julian Jaynes stellte sich diese Verbindung zwischen rechter und linker Gehirnhälfte erst vor ca. 3 000 Jahren her. Bis dahin lebten die Menschen ohne Bewusstsein mit einem „zwei-Kammer-Geist". Die eine Hemisphäre hatte die Funktion einer Entscheidungen treffenden Exekutive, „Gott" genannt, die andere repräsentierte den Menschen und führte die empfangenen Handlungsanweisungen durch. Mit dem Zusammenbruch der "bikameralen Psyche" verstummten die Götterstimmen. Durch diese „unterbrochene Verbindung zum Ozean der Gewissheit" entstand nach Jaynes Theorie unser subjektives Bewusstsein – und damit das Dilemma des Menschen.

Techniken wie Rituale, Gebete, Orakel, Astrologie, Brainstorming, Meditation und Drogen können als Versuche angesehen werden, die Begrenzung des logischen Denkens zu überwinden.

Im Gegensatz zum logischen Denken, das auf Eindrücke reagiert, ist das mythische Denken eine Aktion des Geistes. In der mythischen Bewusstseinsschicht entsteht die Vision, die „geschaute Wirklichkeit", die bildliche Vorstellung, die am Anfang jeder neuen Idee steht. Ohne ihre Impulse entsteht nichts Neues, entfaltet sich keine Intuition.

Der Mythos als kulturelles Paradigma

Mythische Grundannahmen entstehen aus unserem Bedürfnis, reflexartig, auf einer analogen, metaphorischen Ebene über die Realität Schlüsse zu ziehen. Selbst beim wissenschaftlichen Denken ist die mythische Spekulation am Werk. Sie entwickelt vorbewusste Grundüberzeugungen und Hintergrundannahmen, die das gesamte geistige Gewebe einer Kultur durchdringen – und damit die Wahrnehmungssysteme der Kulturmitglieder zur Erklärung der sozialen, kulturellen und physikalischen Wirklichkeit entscheidend prägen.

Über sprachliche Symbole, rituelle Handlungen und symbolische Objekte koordinieren die Mitglieder einer Kultur ihre Wahrnehmung und damit auch ihre Verhaltensweisen. Diese Symbole kommunizieren direkt mit der mythischen Bewusstseinsschicht.

Mythische Geschichten beispielsweise vermitteln die Sichtweisen und Handlungen, deren Wiederholung und Erhaltung erwünscht ist. Sie drücken die Überzeugungen, Ideale, Wünsche und Ängste aus, die von allen Kulturmitgliedern geteilt werden. Jede Kultur ist geprägt von diesen Grundannahmen, auf die sich eine organisierte Gemeinschaft für die von ihr erfahrene Wirklichkeit einigen kann. Diese Alltagsmythen wandeln sich parallel zu neuen Verhaltensweisen, die entwickelt werden, um sich den Erfordernissen der Umwelt anzupassen. Sie sind unbewusst, können aber durch Reflexion in der Sprache oder durch die Analyse ihrer Symbole erschlossen werden.

Pseudomythen, Ideologien und mythische Symbole

Mythische Inhalte sind häufig als bedeutungsgebende Bestandteile an Ideen oder an Symbole geknüpft. So haben beispielsweise die Rose als Symbol für Leidenschaft und der Mercedes-Stern als Symbol für deutsche Tüchtigkeit Beweiskraft. Man sieht nicht mehr die Blume, mit der die Leidenschaft bezeugt wird, oder den metallenen Stern als Produktsymbol der Firma Mercedes-Benz. Man sieht in diesen Objekten die Liebeserklärung und die deutsche Tüchtigkeit selbst. Das Symbol wird von der mythischen Wahrnehmung nicht als Zeichen für etwas wahrgenommen, sondern es *macht die Wahrheit des mythischen Begriffs erlebbar* (vgl. Barthes, 1957).

Der Begriff „Pseudomythos" bezeichnet die künstliche Verknüpfung einer Ideologie oder eines Symbols mit mythischen Inhalten. Im Gegensatz zu sakralen oder historischen

Mythen sind sie nicht spontan aus sich selbst heraus entstanden oder geschichtlich gewachsen. Sie wurden bewusst zur Erreichung bestimmter Zwecke konstruiert. Pseudomythen nutzen die „Lücke im Schirm der Rationalität" (Blumenberg), indem tief verwurzelte Vorstellungs- und Glaubensformen auf Symbole und Ideologien umgelenkt werden.

Die Sprache, die vorwiegend in der linken Hemisphäre lokalisiert ist, befähigt uns zum logischen Denken, indem sie unsere Interaktionen mit der Umwelt, also unser Verhalten, in chronologischer Reihenfolge verarbeitet.

Dieses „sprachliche Selbst" ist ständig damit beschäftigt, die Wirklichkeit so zu interpretieren, dass unser Verhalten sinnvoll erscheint. Es erfindet selbst für paradoxe Handlungen eine Erklärung und leitet aus ihr ideologische Überzeugungen, Werthaltungen und Normen ab, die wiederum auf das Verhalten zurückwirken.

Entsteht bei dieser Wirklichkeitskonstruktion eine kognitive Dissonanz, also das Auseinanderdriften von Verhalten und zugrundeliegenden Überzeugungen, dann werden die gebildeten Überzeugungen dem wahrgenommenen Verhalten angepasst. Diese Überzeugungsmanipulation hat dort ihre Grenzen, wo sie mit dem „Gefühl für das Richtige" kollidiert.

Dann ist der Mensch also doch ein von Moral und Ethik gesteuertes Wesen? Nein, denn diese Instanz ist korrumpierbar. Sie wird außer Kraft gesetzt, wenn der Code des Überlebens nicht mehr durch moralisch-ethische Verhaltensweisen gesichert erscheint. Und sie kann getäuscht werden. Pseudomythen leben davon, dass uralte mythische Bilder und Gleichnisse an Symbole oder Theorien geknüpft werden. Manchmal nimmt das logische Denken auch dankbar eine Theorie an, die Verhaltensweisen legitimiert, deren Dynamik nur aus dem Überlebenstrieb gespeist wird.

36 Mythos und Logos

Einen Überblick über diese komplexen Zusammenhänge erleichtert das Mythos-Modell:

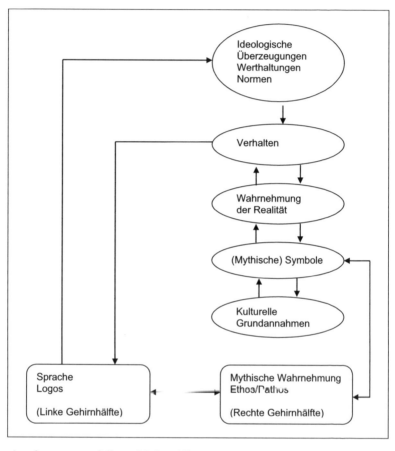

Anschauungsmodell zur Mythos-Theorie
© *Silvia Zulauf*

6. Mythodynamik

Das mythische Denken ist ganz wesentlich an der Ausprägung einer Unternehmenskultur beteiligt. Durch seine vorsprachliche, analoge, ganzheitliche Wahrnehmungs- und Bearbeitungsweise der Wirklichkeit entwickeln die Unternehmensmitglieder Orientierungs- und Vorstellungsmuster, die ihre Werte, Einstellungen und Handlungen prägen. So gesehen gestaltet das mythische Weltbild als Grundmuster der Unternehmenskultur die Wirklichkeit und damit die gesamte Realität des Unternehmens. Es prägt das Unternehmen in allen seinen Entscheidungen, Handlungsweisen und Äußerungen.

Dieses Weltbild kann stark von einem gemeinsamen Kristallisationspunkt geprägt sein. Durch einen historischen Mythos, durch eine charismatische Führungspersönlichkeit, durch ein faszinierendes Produkt, eine Marke oder durch eine starke Zukunftsvision.

Der mythische Kristallisationspunkt wird dann zum Motor der Entwicklung. Diese energetisierende, alle Handlungen ausrichtende „Mythodynamik" muss wahrgenommen und begleitend zur Unternehmensentwicklung ausgerichtet werden, damit sie ihre fundierende und integrierende Funktion behält.

Eine Unternehmensleitung, die das Sinnsystem des Unternehmens aufgreift und zu einer Unternehmensphilosophie oder zu Führungsgrundsätzen formuliert, tritt aus der vorbewusst-mythischen Ebene der subjektiven Sinn-Orientierung heraus. Sie betrachtet die symbolischen Interaktionen, die das gemeinsame Weltbild gestalten, quasi von außen. Aus dieser objektivierten Sichtweise heraus kann die Kultur als etwas wahrgenommen werden, das ein Unternehmen „hat".

Aus dieser neu gewonnenen Perspektive wird die Ausrichtung eines gemeinsamen Sinnsystems an einem „mythischen Kristallisationspunkt" zum kulturstärkenden Erfolgsfaktor. Denn ein mythisches Sinnsystem vereint Gegensätze und Widersprüche auf einer nichtlogischen Ebene. Die Identifikation mit einem gemeinsamen Sinn ist die Voraussetzung, um in einer kulturellen Gemeinschaft Begeisterung und Motivation zu erzeugen.

Der charismatische Sinnvermittler

An der Entwicklung eines mythischen Sinnsystems ist meist eine charismatische Persönlichkeit beteiligt. Ursprünglich ist „Charisma" ein theologischer Begriff, der „Gabe der göttlichen Gnade" bedeutet. Dass diese Gabe „göttlich" ist, lässt sich mühelos am Beispiel gegenteiliger politischer Charismatiker widerlegen. Charismatische Führungspersönlichkeiten vermitteln eine natürliche, positive Autorität, sind eher unkonventionell, können Visionen vermitteln und haben oft ein ausgeprägtes rhetorisches Talent. Sie besitzen die Fähigkeit, an die Emotionen und ideellen Werte ihrer Mitarbeiter zu appellieren. Dadurch sprechen sie die mythische Bewusstseinsschicht an. Diese Führungspersönlichkeiten und Unternehmensgründer sind die Helden eines Unternehmens. Wenn ihr Leben ein faszinierendes zentrales Thema aufweist, haben sie gute Aussichten, nach ihrem Tod zum mythischen Ideal, zum Idol zu werden.

Historische Mythen

Die Geschichte eines Unternehmens kann sich ganz ähnlich formulieren wie die eines sakralen Mythos. Was im sakralen Mythos die Schöpfung ist, sind in der Unternehmensgeschichte Ereignisse, die als Quasi-Ursprung gelten. Diese Geschichten, die sich um die Aktionen der Gründer drehen, sind das Grundmuster für die Orientierung des Denkens und Handelns der Mitarbeiter.

Wie bei sakralen Mythen finden sich auch in Unternehmen Symbole, die eine Verbindung zum Ursprung schaffen, ihn in die Gegenwart holen, die Zeiten verschmelzen und Gemeinschaft herstellen. Durch den Mythos der Geschichte kann die Gegenwart als eine Episode, als Epoche erlebt werden, als ein innerhalb eines Zyklus stattfindendes Ereignis. Diese Sinnausrichtung durch die Geschichte hilft, zwischen bedeutenden und unbedeutenden Ereignissen, Aktionen und Zielen zu unterscheiden. Sie gibt den Mitarbeitern ein Gefühl dafür, in welcher Entwicklungsphase sie sich befinden und was die Identität des Unternehmens ist.

Zukunftsvisionen

Die Frage nach sozialer Verantwortung wird meist unter dem Begriff Corporate Social Responsibility diskutiert. Das Konzept der Corporate Social Responsibility (CSR) zielt darauf, durch soziales und ökologisches Engagement Glaubwürdigkeit und Sympathiewerte für das Unternehmen zu steigern. Das können freiwillig erbrachte, aber auch rechtlich geforderte Leistungen sein. Strom- und Chemiekonzerne, Kosmetik- und Nahrungsmittelhersteller – niemand versäumt, seinen Beitrag für die Zukunft der Gesellschaft hervorzuheben. Der Öffentlichkeit und den Mitarbeitern bleibt beim Aufbau dieser „Fassaden" jedoch meist nicht verborgen, dass die unternehmerische Handlungslogik oft nur auf Gewinnmaximierung zielt.

Um über Zukunftsvisionen einen Kristallisationspunkt zu schaffen, braucht es mehr: die glaubwürdige Vermittlung durch moralisch motivierte, charismatische Gründerfiguren. Unternehmerpersönlichkeiten, die den Anstoß für Innovationen geben, die neue Leitbilder verbreiten und mit ihnen sich selbst erfüllende Prophezeiungen in Gang setzen. Beispiele sind Anita Roddick (Body Shop) mit ihrer Vision des Umwelt- und Artenschutzes und der Unterstützung von Dritte-Welt-Ländern durch gemeinsame Projekte, der Apple-Gründer Steve Jobs, der mit der Idee „Kreativen Menschen digitale Werkzeuge an die Hand (zu) geben, mit denen sie ihre Ideen produktiv umsetzen können", den Fortschrittsmythos mit Autonomie und Ästhetik verknüpfte. Oder Barack Obama, der mit der Wiederbelebung des „amerikanischen Traums" und der „Kraft des Wandels" weltweit euphorische Aufbruchstimmung erzeugt.

CSR ist als positiver Ansatz zu würdigen. Aber ein Unternehmer kann auch ohne CSR-Strategie sehr wirkungsvoll sozial verantwortlich handeln. Eine spontane, ungewöhnliche Idee und genug Mut sie umzusetzen, hatte der italienische Nudelfabrikant Enzo Rossi:

Experiment eines italienischen Unternehmers

> Chef lebt von Arbeiterlohn – und erhöht die Löhne
>
> Einen Monat lang vom Gehalt eines seiner Arbeiter zu leben, das hatte der Nudelfabrikant Rossi in Mittelitalien sich vorgenommen. Schon am 20. des Monats war die

Familie blank. Die Konsequenz des gescheiterten Experiments: Rossis Beschäftigte erhalten nun mehr Geld. (Tageschau)

Enzo Rossi
(Foto: Screenshot aus Firmenvideo La Campofilone Di Rossi)

Rossis Experiment hatte im Oktober 2007 in der internationalen Presse (und in den blogs!) Schlagzeilen ausgelöst. Von seinen Mitarbeitern wurde Rossi als „bester Chef der Welt" bezeichnet, in der italienischen Presse als „Robin Hood der Pastabranche" gefeiert und vom Arbeitsminister als „vorbildlichster Unternehmer Italiens" gewürdigt.

Rossi wehrte sich gegen den Stempel, ein Linker oder gar ein Kommunist zu sein. Er habe die Löhne auch aus sozialen, aber vor allem aus wirtschaftlichen Gründen erhöht: „Wer monatlich Sorgen hat, ob er über die Runden kommt, arbeitet nicht gut. Ich lebe vom Engagement meiner Mitarbeiter, meiner Mannschaft. Ich will, dass sie ruhig und präzise arbeiten können."

Die Konsequenz seines Experiments – 200 Euro mehr für alle – ist eine überzeugende Antwort auf die Mindestlohn-Diskussion und die Frage, ob die Menschen von dem Lohn ihrer Arbeit leben können. Man kann in Rossis Entscheidung auch eine Wiederholung des biblischen Gleichnisses „von den Arbeitern am Weinberg" sehen. Der Weinbergbesitzer gab allen Arbeitern am Ende des Tages einen Silbergroschen. Er machte keinen Unterschied zwischen denen, die am frühen Morgen engagiert wurden und denen, die erst später hinzukamen. Jeder erhielt genau den Lohn, der damals notwendig war, um eine Familie einen Tag lang ernähren zu können.

Das Gleichnis eignet sich sicher nicht für Tarifverhandlungen. Der Silbergroschen ist eine andere Währung – er verleiht Anerkennung und Wertschätzung. Gerechtigkeit, Nächstenliebe und Solidarität, diese Botschaften sind heute so aktuell wie vor Tausenden von Jahren – und nicht weniger visionär. Der Silbergroschen für alle – das ist die Botschaft von Enzo Rossi.

Produkt- und Markenmythos

Viele alte, starke Marken sind von sich aus entstanden: Die richtige Innovation zur richtigen Zeit verknüpfte sich mit einem alten mythischen Muster. Sie bestätigten sich gegenseitig. Sie trafen aufeinander wie zwei freie Radikale und gingen eine stabile Verbindung ein. Die Unternehmer und Markenmanager haben meist die Markenbildung nicht bewusst geplant und gesteuert. Aber sie haben ihre Marke offenbar wahrgenommen und respektiert – und es ihr ermöglicht, sich zu entfalten. Sie haben sie gefördert und nicht behindert.

Dieser Prozess der natürlichen Markenbildung findet auch heute statt. Aber der Druck, sich auf dem Markt zu behaupten, präsent zu sein und auf allen Kanälen zu kommunizieren, verführt dazu, seiner Marke schnell ein „Image" oder auch einen künstlichen Mythos überzustülpen und so ihre aufkeimende Kraft zu begraben.

Aus einem Produkt, das künstlich mit mythischer Bedeutung, mit Sinn und Werten aufgeladen wurde, wird kein Mythos werden. Es wird sich bestenfalls mit viel Aufwand eine Zeitlang als Kombination aus Markenname und Mythos halten. Überzeugungskraft gelingt nur durch Authentizität.

Um die wahre Identität seiner Marke zu erkennen, muss man ihre innerste mythische Struktur freilegen. Ist diese Arbeit gemacht, hat man einen Navigator für alle Kommunikationsmaßnahmen nach innen und außen in der Hand. Jetzt können in der Markenkommunikation mythische Wertstrukturen eingeflochten und mythische Erzählungen bzw. Elemente und Bilder aus diesen Erzählungen zitiert werden. Wer seinen Mythos kennt, kann ihn stark machen – aber auch mit dem nötigen Fingerspitzengefühl neuen Entwicklungen anpassen.

Ein so entwickelter Produkt- oder Markenmythos ist eine starke mythodynamische Kraft, die sich auch auf die Unternehmenskultur integrierend auswirkt.

Patek Philippe tut gut daran, das Thema Tradition auch in der internen Kommunikation und Werteausrichtung zu pflegen. VW steht vor der Herausforderung, auch intern Maßstab für Zuverlässigkeit, Souveränität und Innovation zu sein.

Wird das übersehen, dann schlägt der Mythos um ins Negative und ein kontraproduktiver Pseudo-Mythos entsteht: Der Mythos „bites back".

Pseudomythen

Die Botschaften charismatischer Führungspersonen, historische Mythen und Zukunftsmythen enthalten universelle Menschheitsvisionen mit zeitloser Gültigkeit. In ihnen werden mythische Grundthemen neu bearbeitet, sie spiegeln sich in einem neuen Zusammenhang. Politik und Werbung bedienen sich der künstlichen Verknüpfung von Ideensystemen und Produkten mit mythischen Sinnzusammenhängen durch die Massenkommunikation. Sie erreichen damit Legitimation oder sogar Begeisterung.

Die Entwicklung eines mythischen Sinnzusammenhangs in einer Unternehmenskultur vollzieht sich über andere Kommunikationskanäle: über die täglich erfahrbare Umsetzung ethischer Werte in Verhaltensweisen und Entscheidungen. Zum „Pseudomythos" werden Leitbilder, Firmenphilosophien und Images, die nicht mit der Unternehmenswirklichkeit übereinstimmen.

Die mythischen Grundannahmen

Aus dem mythischen Sinnsystem werden Grundannahmen abgeleitet, die der konkreten Handlungsorientierung in alltäglichen Situationen dienen und bestimmte Werte und gewünschte Verhaltensweisen reflektieren. Edgar Schein (1985, S. 86) benennt fünf Themenkreise, um die die Grundannahmen in Unternehmen kreisen:

- *Humanity's Relationship to its Environmen*
  Welche Grundannahmen hat die Organisation über ihre Umwelt? Ist sie bedrohlich, übermächtig, herausfordernd, bezwingbar? Diese Grundauffassung über die Umwelt entscheidet über die Strategie, die ein Unternehmen wählt.

▶ *Nature of Reality and Truth Basis for Decisions*
Orientiert sich die Beurteilung der Realität an der Tradition oder an Autoritäten? Werden Entscheidungen aufgrund rationaler Analysen getroffen, auf der Basis von Experimenten oder intuitiv?

▶ *The Nature of Human Nature*
Von welchem Menschenbild geht das Unternehmen aus? Hält man die Mitarbeiter für unselbständig und arbeitsscheu oder sieht man in ihnen Menschen, die gerne Verantwortung übernehmen und motiviert sind?

▶ *The Nature of Human Activity*
Welche Haltung besteht hinsichtlich Aktivität und Arbeit? Wird von den Mitarbeitern eine selbständige, unternehmerische Haltung erwartet oder Anpassung und Passivität?

▶ *The Nature of Human Relationships*
Wie sehen die zwischenmenschlichen Beziehungen im Unternehmen aus? Sind sie hierarchisch oder partnerschaftlich, auf Wettbewerb oder auf Kooperation ausgerichtet? Zählt Teamerfolg oder Einzelerfolg?

Mythen managen die Kultur

Die Erklärungsmuster, die für diese existenziellen Grundfragen entwickelt werden, haben konkrete kulturelle Funktionen: Sie vermitteln Sinn, erzeugen ein Verständnis für den „Geist des Hauses", transportieren Werte und sind handlungsorientierend.

Stabilisierung des Wertesystems

Werte sind Orientierungspunkte, die an der Schnittstelle zwischen Gesellschaft und Individuum liegen. Stimmen die Werte des Individuums mit denen der Gruppe überein, fördern sie die Identifikation mit dem Unternehmen und damit die Motivation und Arbeitszufriedenheit. Anders ausgedrückt: Werte richten – bewusst oder unbewusst – Handlungsziele aus sowie die Methoden, diese zu erreichen. Sie erfüllen ihre Steuerungsfunktion umso besser, je mehr sie als selbstverständlich akzeptiert sind und ein hohes Maß an Allgemeingültigkeit besitzen.

Die kulturellen Grundannahmen vermitteln Werte, die die Mitglieder eines Unternehmens in die Lage versetzen, eine innere Instanz auszubilden, die Prioritäten bei ihren Entscheidungen und Handlungsorientierungen setzt. Damit wirken Mythen direkt handlungssteuernd.

Steuerung des Verhaltens

Als ein Netz gemeinsamer Hintergrundannahmen erleichtern Mythen die Kommunikation und damit die Ausrichtung eines gemeinsamen Handelns. Eine wichtige Bedeutung der Mythen für die Unternehmenskultur besteht darin, bei den Mitarbeitern eine Instanz auszubilden, die aus einer tiefen Identifikation mit den Werten und Zielen des Unternehmens sinnvolle Schlüsse zieht und die ihr Verhalten und ihre Entscheidungen flexibel, der jeweiligen Situation angemessen, steuert.

Im Gegensatz zu starren Regeln bleibt hierbei das kreative Potenzial der Unternehmensmitglieder erhalten. Bei widersprüchlichen Zielen oder Handlungsbedingungen obliegt ihm der Ermessensspielraum, das Gespür für das Richtige, der Einsatz seines gesunden Menschenverstandes.

Vermittlung von Sinn und Sicherheit

Man kann die mythischen Grundannahmen einer Unternehmenskultur als das kollektive Gedächtnis seiner Mitglieder verstehen. Sie geben Antworten auf existenzielle Grundfragen und erzeugen eine gemeinsame Wirklichkeitsinterpretation und Wahrnehmung. Ihre kommunikative Funktion ist es, eine Verbindung zwischen dem Individuum und der sozialen Ordnung, in der es sich befindet, herzustellen. Mythen vermitteln, welcher Sinn, welche Grundsätze und Zusammenhänge hinter den Erlebnissen und Ereignissen der täglich erfahrbaren Unternehmensrealität stehen.

Welterzeugung

Mythen und mythische Grundannahmen konstruieren die Unternehmenswirklichkeit. Denn Einstellungen, Annahmen und Vorurteile führen zu einer Rückkoppelung auf die Realität. Für diejenigen, die in einem mythischen Begründungszusammenhang leben, ist der Mythos selbst meist nicht wahrnehmbar. Denn er ist das, was die Wirklichkeit begründet. Brand (1978, S. 222) schreibt:

„Das, was erleuchtet und erhellt, braucht nicht seinerseits erleuchtet und erhellt werden, das Begründende muss nicht mehr begründet werden."

Diese existenzbegründenden Funktionen sind der Grund dafür, dass Mythen und mythische Grundannahmen im Allgemeinen nicht hinterfragt werden. Im Gegenteil: Ein wichtiger Teil sozialer Interaktion besteht darin, dieses Sinn- und Bedeutungssystem zu bestätigen und zu festigen.

Die sozialen Funktionen des Mythischen können auch ganz bewusst zur Stärkung des Gemeinschaftsgefühls und der ideologischen Ausrichtung der Unternehmensmitglieder eingesetzt werden.

7. Ideologie und Mythos

Bei der Bildung ideologischer Überzeugungen spielt nicht allein der Wille eine Rolle, sondern es wirken auch unbewusste Vorstellungen mit. Die Ideologie ist der entmythologisierte Teil der Weltsicht, das Produkt des Überganges vom Mythos zum Logos.

Ein Unternehmen entwickelt eine Ideologie, sobald es eine Philosophie, ein Leitbild, Grundsätze, eine Mission oder eine Vision aufstellt. Ziel einer Unternehmensideologie ist es, Wertvorstellungen, Verhaltensnormen, Überzeugungen und Einstellungen zu formulieren, die den Sinn und Zweck des Handelns bestimmen und allen Handlungen und Entscheidungen der Unternehmensmitglieder eine Ausrichtung geben, die die Strategie unterstützt.

Die Werthaltungen bezeichnen die ethischen Überzeugungen und Grundhaltungen eines Unternehmens. Oft sind sie nicht explizit ausgedrückt, sondern vermitteln sich durch die Verhaltensweisen des Managements. In den Werthaltungen kommen neben den ethischen Grundhaltungen auch die langfristigen Ziele und Zwecke eines Unternehmens zum Ausdruck.

Die Prinzipien, nach denen die aktuelle, operationale Unternehmenspolitik umgesetzt werden soll, werden in den Einstellungen und Normen formuliert. Einstellungen wirken in Entscheidungsprozessen verhaltenssteuernd, während Normen festlegen, wie sich die Mitarbeiter in bestimmten Situationen zu verhalten haben. Der Grundkonflikt von Ideologien ergibt sich daraus, dass das operationale Verhalten nicht immer im Einklang mit den fundamentalen Zielen und Zwecken steht.

Widersprüche zwischen Theorie und Praxis treten beispielsweise auf zwischen lang-, mittel- und kurzfristigen Zielen, zwischen Werthaltungen und Effizienzerfordernissen, zwischen ideologisch-pluralistischen Interessensgruppen. Durch den Konflikt zwischen hoher Generalisierung und spontanen, nicht standardisierten Vorgehensweisen und Entscheidungswegen.

Diskrepanzen zwischen fundamentaler und operationaler Ideologie können dazu führen, dass sich aus dem beobachtbaren Verhalten des Unternehmens bei den Mitarbeitern Sub-Ideologien und mythische Grundannahmen entwickeln, die der fundamentalen Ideologie entgegenstehen.

Eine Ideologie ist aber nur dann glaubwürdig und erfüllt ihre Funktionen, wenn die Unternehmensmitglieder ihre Handlungen in Übereinstimmung mit ihren Grundannahmen an ihr ausrichten können und durch die Ideologie Bestätigung für ihre Handlungen erfahren.

Mythen und mythische Grundannahmen verlieren ihre Funktion der Vermittlung von Sicherheit und Handlungsorientierung, wenn sie nicht mit der Ideologie harmonieren. Eine Ideologie muss die fundamentale und operative Ebene in Einklang bringen und mit den mythischen Grundannahmen koordiniert werden.

Ein rein formaler „gemeinsamer Nenner" scheint die Anforderungen, die an die Legitimation einer Ideologie gestellt werden, nicht zu erfüllen. Die Ideologie ist ein dialektisches System. Was in das ideologische Ideensystem nicht integrierbar ist, kann nicht toleriert werden.

Eine Idee kann keine gegensätzliche Idee dulden, wenn nicht ein gemeinsames Umfeld, eine verbindende mythische Grundannahme, ein „Ideal", den gemeinsamen Kontext herstellt. Das ist der Grund dafür, warum erfolgreiche Ideologien an die ethischen und pathetischen Empfindungen der mythischen Bewusstseinsschicht appellieren: *Das mythische Denken ist tolerant im Umgang mit Widersprüchen.*

Im Mythos werden Widersprüche auf einer dialogischen Ebene behandelt. Das mythische Denken analysiert Gegensätze nicht, sondern integriert sie, indem es einen sich außerhalb der logischen Ebene befindenden Standpunkt einnimmt.

In einem Mythos zu sein heißt, die Subjekt-Objekt-Trennung aufzuheben und eine nicht objektivierbare Weltsicht einzunehmen. Gegensätze werden durch einen subjektiv empfundenen Sinn- und Bedeutungszusammenhang toleriert – im Sinne von „ertragen" – und auf einer nicht-logischen Ebene integriert.

Ein mythischer Kristallisationspunkt richtet die Grundannahmen, Vorstellungs- und Orientierungsmuster einer unternehmenskulturellen Gemeinschaft aus. Er unterstützt die Identifikation und Motivation der Unternehmensmitglieder, indem er ideologische Gegensätze und verschiedene Interessensgruppen legitimiert und in einem umfassenden Sinnsystem integriert.

Für die Gestaltung einer mythenbewussten Ideologie ergeben sich daraus folgende Anforderungen:

1. Die im Unternehmen wirkenden Mythen und mythischen Grundannahmen, die sich in Symbolen offenbaren, müssen wahrgenommen werden.

2. Um die mythenanalogen Symbole analysieren zu können, muss eine kontinuierliche und offene Kommunikation mit den Unternehmensmitgliedern gepflegt werden.
3. Strategie und Ideologie müssen in Übereinstimmung mit den mythischen Grundannahmen ausgerichtet sein.

8. Mythische Botschaften

Mythen enthalten Symbol-Felder und metaphorische Themenbereiche mit zeitloser Gültigkeit. Nur ihre Interpretation, ihr Erscheinungsbild, unterliegt dem zeitlichen Wandel. Hier eine kleine Auswahl:

- Überlegenheit
- Sieg/Triumph: Der Gewinner, die Gewinnerin
- Schnelligkeit
- Einzigartigkeit: Das Original

- Status: Der/Die Bewunderte
- Zugehörigkeit: Die Auserwählten
- Reichtum
- Besitz von Ressourcen

- Problemlösung / Kompetenz
- Hilfe, Rettung: Der Schutzengel

- Freundschaft, Verbundenheit
- Geborgenheit, Sicherheit
- Vertrauen, Ehrlichkeit
- Zuverlässigkeit
- Partnerschaft, Ergänzung
- Vater und Sohn
- Mutter und Kind

- Treue / Versprechen
- Gerechtigkeit
- Erlösung
- Beständigkeit / Ewigkeit
- Wiederauferstehung
- Stille / Ruhe

- Kreativität und Intuition
- Abenteuer
- Entdeckungen: Das Neue
- (technischer) Fortschritt/Innovation
- Freiheit / Grenzen durchbrechen
- Mut
- Durchsetzungskraft, Beharrlichkeit

- Schönheit
- Liebe
- Erotik, Verführung
- Sehnsucht
- Mann und Frau
- Genuss, Vergnügen

- Natürlichkeit, Reinheit
- Wahrhaftigkeit
- Magische Kräfte / Wunder
- Das Überirdische
- Das Göttliche

- Der König / die Königin
- Engel
- Fabelwesen

- Die Weissagung
- Das Schicksal
- Der Ursprung
- Der richtige Weg
- Das Ziel / Die Erlösung

- Selbstverwirklichung
- Die (Wunsch)Erfüllung
- Die Suche
- Hoffnung
- Entwicklung
- Verwandlung
- Happy-End

9. Mythen brauchen Symbole

Symbole sind die ursprüngliche Ausdrucksform der mythischen Bewusstseinsschicht. Über symbolische Sprachformen, rituelle Handlungen und Objektsymbole wird das mythische Sinnsystem durch soziale Interaktion von Person zu Person übertragen und damit entwickelt. Symbole stehen in einem interaktiven Kontext zwischen dem Akteur, der das Symbol setzt, dem Symbol selbst und dem Rezipienten, der das Symbol versteht.

Symbole funktionieren nur dann, wenn sie für ihren Sender und ihren Empfänger die gleiche Bedeutung transportieren. Denn um ein Symbol zu verstehen, muss der Rezipient die mythischen Grundannahmen kennen, auf die das Symbol hinweist.

Ein Symbol hat folgende Wirkungsweisen und Funktionen:

- Das Symbol fasst Erinnerungen, Traditionen und Gefühle veranschaulichend zusammen. Es steht als Teil fürs Ganze.
- Das Symbol drückt Erfahrungen aus, die nicht begrifflich gefasst werden können und daher des bildhaften Ausdrucks bedürfen.
- Das Symbol macht Erfahrungen bewusst.
- Das Symbol vereint Gegensätze.
- Das Symbol ist eine Gemeinschaft stiftende Mitteilung.

Ein Symbol kann mythische Bedeutung erhalten, wenn es mit einem mythischen Sinn- und Begründungszusammenhang verknüpft wird. Ob eine kommunikative Form symbolische oder mythische Bedeutung transportiert, hängt ausschließlich von der Interpretation der Kulturmitglieder ab.

Als Abgrenzung zwischen Symbol und Mythos gilt, dass ein Symbol als Zeichen eine unmittelbare Sinnbeziehung zu dem Bezeichneten hat. Das mythische Symbol dagegen macht die mythische Bedeutung ganz direkt präsent und erfahrbar. Es verdichtet eine Geschichte und verbindet den Einzelnen unmittelbar mit dieser umfassenden Geschichte, die der Ursprung, eine Erklärung oder Begründung ist. Neben der Funktion der Verdichtung und Einbeziehung wirkt es gemeinschaftsstiftend, weil es in eine gemeinschaftliche Geschichte mit einbezieht.

Durch die Deutung des Sinns der Symbole entwickeln die Unternehmensmitglieder ein gemeinsames Wahrnehmungsmuster. Dieses Weltbild prägt ihr Verhalten in sozialen Interaktionen. Das Verhalten richtet sich demnach nicht an faktischen Gegebenheiten aus, sondern an deren subjektiver Interpretation. Daneben wirken auch die Werthaltungen, Normen und Einstellungen auf das Verhalten ein.

10. Symbolische Sprache

Das analoge Denken der mythischen Bewusstseinsschicht drückt sich in einer dichten, sinngeladenen, metaphorischen Sprache aus. Und diese Wahrnehmungsebene ist auch sehr empfänglich für Sprachformen, die konkrete Bilder enthalten: Hypnose, Zauberei, Politik, Religion und die Werbung benutzen die „Macht des gesprochenen Wortes", um die Wahrnehmung der Wirklichkeit und damit das Verhalten zu steuern.

Die Erkenntnisse der Gehirnforschung zeigten, dass die analogen Botschaften der rechten Gehirnhälfte bevorzugt für Beziehungsinformationen eingesetzt werden. Die rechte Hemisphäre versteht den Sinn und die metaphorische Bedeutung von Botschaften, hat jedoch kein Verständnis für Negationen wie „nicht, kein, nie, nirgends" (vgl. Watzlawick, 1991). Die Sprache der rechten Gehirnhälfte verwendet ausschließlich „positive Formulierungen".

Die rechte Gehirnhemisphäre ist maßgeblich bei der Formulierung symbolischer Sprach- und Bildäußerungen beteiligt, die als Teil für das Ganze stehen. Aphorismen, Mehrdeutigkeiten und Wortspiele gehören zu den Sprachformen, die rechtshemisphärisch genannt werden und für die Beeinflussung bei der therapeutischen Kommunikation und in der Werbung besonders effektiv sind.

Geschichten, Anekdoten, Legenden und Sprichwörter versuchen, eine Bedeutung zu transportieren, die jenseits der Begriffe liegt, die der linkshemisphärischen Sprache zugänglich sind. Sie sind letztlich die Reflexionsarbeit, die nötig ist, um den Inhalt der mythischen Grundannahmen über die Realität transparent zu machen.

Andererseits bilden und transformieren sich durch die Erzählungen auch die Botschaften der Mythen und passen sich so den veränderten Gegebenheiten an.

Die Story, die der Mythos erzählt, klingt wie eine Abfolge von Episoden. Es handelt sich jedoch nicht um eine einfache Aneinanderreihung von Ereignissen. Sie besitzen keine Wechselbeziehung im Sinne von Ursache und Wirkung im chronologischen Sinn. Die eigentliche Antriebskraft hinter den Geschichten ist die Bearbeitung der sich widersprechenden Grundannahmen, der Paradoxien einer kulturellen Gemeinschaft. Um sie aufzulösen arbeitet die mythische Sprache auf einem über ihnen liegenden Niveau. Sie versetzt ihre Zuhörer auf eine neue Ebene der Erfahrung.

Dieses Phänomen benennt Claude Levi-Strauss als den „binären Code des Mythos". Die Struktur mythischer Erzählungen deckt sich mit der Struktur des Geistes: Für jeden bewussten Punkt gibt es einen unbewussten Kontrapunkt.

Als Erklärungsmuster der Realität stillt der Mythos ein psycho soziologisches Bedürfnis. Die Bildung von Mythen gibt daher Aufschluss darüber, auf welches Bedürfnis eine Antwort gesucht wird.

Es ist also nicht ausschlaggebend, ob der Mythos wahr oder nachweisbar ist, sondern das, was in und durch den Mythos gedacht wird. Denn das Fiktive setzt, um konstruiert werden zu können, die Realität voraus. Die Tatsache, dass die Story entstanden ist, zeigt ihren Wahrheitsgehalt an. Das heißt, in der Realität befindet sich das Material für den Mythos. Der Mythos ist der Spiegel, mit dem die Mitglieder einer Kultur die von ihnen wahrgenommene Wirklichkeit reflektieren. Er gibt die Grundüberzeugungen wieder, die sie über sich haben.

Oder mit Claude Levi-Strauss:

„Der Mythos ist rund und hohl".

Mythische Geschichten

Mythische Geschichten wiederholen meist den Ursprung des Unternehmens und kreisen um seinen Gründer. Im Vordergrund der mythischen Erzählung stehen immer die Handlungen der Helden aus den Gründertagen. An ihren Taten orientiert sich das Handeln im Unternehmen. Kennzeichnend für mythische Erzählungen ist eine genuine Unbestimmtheit. Sie umfassen nie das Ganze, das durch sie erfahrbar wird.

Erzählungen und Anekdoten

Erzählungen und Anekdoten sind sekundäre Formen des Mythos, denn sie basieren auf den Hintergrundannahmen, die der umfassende Mythos, die „große Geschichte" impliziert. Erzählungen sind ausgeschmückte Berichte über bestimmte Ereignisse aus der Vergangenheit des Unternehmens. Sie stellen metaphorische Beziehungen her zwischen der Firmengeschichte und den aktuellen Unternehmensinteressen. Wird ein Ereignis mit Dichtung angereichert, gehört die Erzählung bereits in den Bereich der Legende.

Anekdoten schildern Ereignisse oft mit einer heroischen Komponente. Häufig karikieren sie Werthaltungen. Von Robert Bosch wird beispielsweise erzählt, dass er bei einem Bürorundgang eine Büroklammer aufgehoben und die umstehenden Führungskräfte gefragt habe: „Was ist das?" Einer antwortete: „Eine Büroklammer!" Bosch: „Nein, das ist mein Geld, das hier auf den Boden geworfen und vergeudet wird!"

Erzählungen und Anekdoten erfüllen im Wesentlichen zwei Funktionen: Sie verweisen auf den zentralen Mythos, indem sie ethische oder pathetische Sinnzusammenhänge auf inspirierende Weise wiedergeben, oder sie können direkt handlungsanweisend wirken.

Obwohl bestimmte Geschichten die Einzigartigkeit des Unternehmens herausstellen, kommt es häufig vor, dass in anderen Unternehmen Geschichten mit nur geringfügig verändertem Inhalt kursieren. In den positiven Geschichten wird ein Bild des Unternehmens als Ort der Fairness, Menschlichkeit und Chancengleichheit, an dem Ausdauer, Engagement und Ehrlichkeit belohnt werden, vermittelt.

Von einer Geschichte gibt es häufig eine positive und eine negative Version. Erzählungen, die von den Schattenseiten des Unternehmens berichten, kreisen um die Verschwendungssucht des oberen Managements, die Eitelkeit der Vorstände, negative Auswirkungen des Bürokratismus, um Intrigen, Feindschaften, karrierefördernde oder -beendende erotische Beziehungen, um teure Fehlentscheidungen usw. Auch die Botschaften dieser Geschichten repräsentieren Unternehmenskultur: Sei auf der Hut! Regeln sind dazu da, umgangen zu werden! Lass dich nicht ausnutzen! (Vergleiche Neuberger/Kompa, 1987.)

Die Sinnzusammenhänge, die manche Storys vermitteln, spielen bei der Bildung und Bewahrung der Geschichte und Kultur des Unternehmens eine entscheidende Rolle. Sie stabilisieren die Identität und geben neuen Mitarbeitern ein Gefühl für den „Geist des Hauses". Sie können aber auch durch metaphorische Übertragung Veränderungen einleiten und gleichzeitig Tradition und Kontinuität bewahren.

Der Grund für ihre Überzeugungskraft ist, dass ihre Aussage, Antwort oder Argumentation auf eine Grundannahme zurückführt, die sozusagen der „black box" angehört: dem Weltbild, das nicht bewusst ist, sondern zur Wirklichkeitswahrnehmung gehört und nicht infrage gestellt wird. Da die Storys dieses Bild bestätigen, werden sie als „wahr" empfunden und stabilisieren die Grundannahmen und die Ursprünge der Kultur.

Die handlungssteuernden Aspekte von Geschichten lenken die Aufmerksamkeit auf bestimmte Themen und Werte im Unternehmen. Sie verdeutlichen Prioritäten und vermitteln die Prinzipien, nach denen gehandelt werden soll. Auch Tabus, unausgesprochene Regeln und abstrakt gehaltene Schlüsselaussagen können in Geschichten verpackt sein. Als Orientierungshilfe sind sie besonders für neue Mitarbeiter hilfreich.

Im Gegensatz zu abstrakten Informationen wird bei der Erzählung einer Geschichte eine Handlung oder Idee gefühlsmäßig nachvollzogen. Dadurch können auch abstrakte Werte vermittelt werden. Geschichten verkünden keine starren Regeln. Sie sind symbolisch und flexibel. Sie können neu interpretiert werden und sich mit der Zeit verändern.

64 Symbolische Sprache

Überblick über Werte, Normen und Mythen, die spontanen sprachlichen Produktionen in Unternehmen zugrunde gelegt werden können

Wertepolaritäten		Normen und Handlungsmaximen		Zugrundeliegende Mythen	
Wert A	Wert B	für Wert A	für Wert B	des Wertes A	des Wertes B
Zivilcourage, Rückgrat	Anpassung, Mitmachen	Männermut vor Königsthronen! Vertritt deine Meinung! Zeige „Biss".	Kein Ego-Trip! Mach mit! In einer Gesellschaft muss man sich fügen!	Jeder ist nur seinem Gewissen verpflichtet; bis zur Selbstaufopferung für eine gerechte Sache.	Das Kollektiv (oder der Führer) hat immer recht.
Ordnung, Struktur	Improvisation, Spontaneität	Halte dich an bewährte Routinen und Systeme! Man muss sich auf dich verlassen können!	Den gesunden Menschenver- stand gebrauchen! Nach Lage der Dinge entscheiden!	Jede Gemeinschaft braucht „law and order"; der Gang der Dinge folgt rationalen Gesetzmäßigkeiten.	Jedes Problem hat seine eigene Lösung; es gibt keine allgemeingültigen Gesetze.
Menschlichkeit, Nähe	Sachlichkeit, Distanz	Gehe auf den Einzelfall ein! Nimm Rücksicht auf Stärken und Schwächen! Sei immer freundlich!	Vermeide Kumpanei! Im Vordergrund stehen Aufgaben und Ziele!	Der Mensch steht im Mittelpunkt.	Die Aufgabe geht vor: man muss ohne Ansehen der Person handeln.
Kooperation, Zusammenarbeit	Vertraulichkeit, Diplomatie	Gib offenes Feedback! Keine Geheimnisse voreinander.	Trau, schau wem! Information ist eine Holschuld. Kein Datenmissbrauch.	Wer alle Informationen hat, kann richtig (objektiv) entscheiden.	Es gibt immer mehrere Wahrheiten. Man muss flexibel sein, denn „man kann nie wissen".
Erfolgsorientierung, persönliche Auszeichnung	Prozessorientierung, Dienst, Pflichterfüllung	Der Zweck heiligt die Mittel. Du musst unbedingt Erfolgswillen haben!	Tue gewissenhaft deine Pflicht! Der Weg ist das Ziel!	Nur das Ergebnis zählt (Unterstrichdenken: Das Beste erreichen).	Das ehrliche Bemühen und die gute Absicht zählen; Das Richtige wollen!
Theorie, Expertentum, Analyse	Praxis, Machertum, Anwendung	Vor Entscheidungen alle Informationen sammeln! Erst Experten fragen!	Mut zur Lücke! Ins kalte Wasser springen! Do it, try it, fix it!	Man kann rational handeln: Erst denken, dann handeln!	Paralyse durch Analyse. Erst handeln, dann denken.
Puritanismus, Askese, Selbstbeherrschung	Sinnlichkeit, Lebensgenuss	Man muss warten und verzichten können! Nur wer sich selbst befiehlt, kann anderen befehlen!	Keine Trennung von Arbeit und Leben! Wir arbeiten, um zu leben. Die Feste feiern, wie sie fallen! Gönn' dir was!	Arbeit ist Last, Pein, Opfer und Verzicht.	Arbeit muss und kann Spaß machen.

Erzählungen und Anekdoten

	Quantität, Anonymität	Wir müssen die Besten sein! Unsere Produkte haben keine Fehler! Wir haben einen Ruf zu verlieren!	Schneller, mehr, billiger! Vor dem Geld ist alles gleich! Die Menge macht's!	Man kann Perfektion erreichen. Es gibt das ideale Produkt.	Man kann mit/aus allem Geld machen (Goldeselmythos): Kot zu Geld).
Macht, Größe, Potenz, Expansion	Kleinheit, Überschaubarkeit, Mäßigung	Wachstum um jeden Preis! Der Erste (Größte, Stärkste) sein.	Das menschliche Maß beachten. Sich nicht überschätzen und übernehmen!	Wer groß ist, kann nicht untergehen (Titanic-Mythos).	Hybris wird bestraft. Wer hoch hinaus will, fällt tief: bei seinem Leisten bleiben.
Wandel, Risiko	Bewahrung, Sicherheit	Immer an der Spitze des Fortschritts sein! Wer wagt, gewinnt!	Keine Experimente! Eile mit Weile! Sich der Tradition verpflichtet fühlen!	Es gibt für alles eine bessere Lösung, man darf an nichts festhalten.	Man muss das Gute bewahren und jeder Neuerung misstrauen.
Hierarchie, Macht, Privilegien	Gleichheit, Gleichbehandlung	Die Besten sollen führen! Leistung lohnt!	Keine Herrschaft von Menschen über Menschen! Keine Diskriminierung!	Der/die Beste setzt sich durch! Manche sind zum Führen, die meisten zum Ausführen geboren.	Alle sind gleich an Rechten. Jeder weiß und tut (von) selbst, was richtig ist.
Selbstbestimmung, Handlungsspielraum	Fremdbestimmung, Kontrolle	Möglichst wenig Kontrolle! Intrapreneurship! Delegation! Eigenverantwortung!	Vertrauen ist gut, Kontrolle ist besser! Straffe Führung ist unverzichtbar.	Menschen wollen und brauchen Arbeit. Das freie (!) Spiel (!) der Kräfte ist jedem geplanten Eingriff überlegen.	Menschen wollen und brauchen Führung. Ohne Führung herrschen Chaos und Anarchie.
Nüchternheit, Bescheidenheit	Phantasie, Stolz	Keine Effekthascherei! Die Dinge sehen, wie sie sind.	Sei kreativ! Visionen, nicht Realitäten begeistern. Sei stolz auf deine Leistung.	Es gibt eine objektive Realität.	Es gibt keine objektive Realität.
Gelassenheit, Geduld, Ausdauer	Aktivität, Tatendrang	Auf den richtigen Zeitpunkt warten können! Immer mit der Ruhe!	Wer immer strebend sich bemüht... Für die Arbeit leben! Der Tag hat 24 Stunden.	Erfolg kann man nicht erzwingen. (Auf die richtige Zeit warten können.)	Nichts geschieht von selbst: alles muss man (selber) „machen".

Quelle: Neuberger/Kompa, 1987, S. 94 ff.
Überblick über die Werte, Normen und Mythen

Neben ihrem Unterhaltungswert haben Erzählungen als Symbolträger eine hohe Glaubwürdigkeit, weil sie sich auf (scheinbar) konkrete Ereignisse beziehen. Überzeugend wirken sie insbesondere dadurch, dass „die Moral der Geschichte" nicht direkt ausgesprochen wird.

Im Gegensatz zur expliziten Verständigung, die als Versuch der Beeinflussung leicht enttarnt und damit wirkungslos gemacht werden kann, wirken Geschichten durch die Schlussfolgerungen des Zuhörers. Das ist auch der Grund dafür, dass Kommunikationsinhalte umso besser erinnerbar sind, je stärker sie mit Geschichten und Anekdoten angereichert wurden.

Der grundsätzliche Dualismus, der den Mythen, Werten und Handlungsmaximen zugrunde liegt, wird in der Tabelle S. 62/63 deutlich. Er entspricht dem Dilemma, vor dem Mitglieder eines Unternehmens täglich stehen: Die Spielregeln sind widersprüchlich. Einerseits soll die Hierarchie bei Informationsprozessen gewahrt bleiben – andererseits müssen wichtige Informationen schnell am entscheidenden Ort landen. Einerseits müssen Handlungen auf einer rationalen Basis stehen – andererseits verhindert zu viel Analyse Spontaneität und Kreativität.

Poesie und Gesang

Die Suggestivkraft der bildhaften Sprache der Poesie verbunden mit Musik und dem Rhythmus der Worte führt nach Schopenhauer dazu, „etwas hinzunehmen, was wir in der Sprache des Alltags nicht gelten ließen". Von der enormen Verhaltensbeeinflussung dieser Sprachform zeugt ihre Anwendung bei Zaubersprüchen, in Gebeten und in der Werbung.

Witze, Kalendersprüche, Graffitis

Tabuisierte oder verdrängte Überzeugungen der Organisationsmitglieder finden sich in Firmenwitzen, Kalendersprüchen und Graffitis wieder. Zielscheiben sind Konformismus, das Kriechertum, die Arroganz der Vorgesetzten, Bürokratie und Vergeudung. Watzlawick erkennt im Witz ein „Instrument des Wandels", weil er sich „respektlos über Ordnungen und Weltbilder hinweg" setzt.

Slogans

Firmenslogans beziehungsweise Unternehmensleitsprüche vermitteln den zentralen Aspekt des Selbstverständnisses der Organisation. Um sich im Bewusstsein der Mitglieder und der Öffentlichkeit zu verankern, müssen sie kurz und prägnant sein und einen einzigen zentralen Inhalt präsentieren, wie zum Beispiel:

- „Just do it." (Nike)
- „Wir haben nur Ihre Augen im Kopf" (Apollo-Optik)
- „Wir lieben Lebensmittel" (Edeka)
- „Macht Sinn für Unternehmen" (MythosFactory)
- „Nichts ist unmöglich." (Toyota)
- „Schaff Dir einen Lieblingsplatz" (Ikea)
- „Think Different" (Apple)
- „Es gibt viel zu tun. Packen wir´s an." (Esso)

Diese Unternehmensleitsprüche wirken nach außen als Sympathiewerbung, nach innen sollen sie die Mitarbeiter verpflichten, den öffentlich verkündeten Anspruch auf Qualität, Service oder Kreativität einzulösen.

Beachtenswert ist der Aufforderungs- beziehungsweise Befehlscharakter vieler Slogans. Imperative Sätze gehören zu den ersten sprachlichen Kommunikationsformen. Diese Verhaltensverschreibungen können als unmittelbarer Zugang zur rechten Gehirnhemisphäre und damit zum Weltbild eines Menschen angesehen werden.

Affirmationen

Affirmationen (lat. „firmus" = fest, stark, kräftig) bedeutet Bejahung, Bekräftigung, Bestätigung, Zustimmung, Versicherung. Die Technik der Affirmation nutzt die Sprache der Analogiekommunikation, um mythische Grundannahmen zu festigen oder zu verändern. Sie ist bildhaft, enthält konkrete Bilder und benutzt keine Verneinungen.

Ausgangspunkt ist auch hier, dass die Einstellung die Wahrnehmung bestimmt und damit die subjektive Wirklichkeit „auswählt". Zwischen der Sprache der Affirmation und der Sprache der Analogiekommunikation existieren Parallelen:

- In der Affirmation wird etwas Zukünftiges so ausgedrückt, als wäre es jetzt schon so. Es wird also immer die Gegenwartsform verwendet. Nicht „Im Jahr 2015 werden wir internationaler Marktführer sein", sondern „Im Jahr 2015 sind wir internationaler Marktführer".

- Affirmationen werden immer positiv formuliert. Jede Negation wird vermieden. Nicht: „Ich verschlafe morgens nicht mehr", sondern: „Ich wache jeden Morgen rechtzeitig und voller Energie auf".
- Affirmationen enthalten eine kurze, prägnante und klare Aussage, die ein intensives Gefühl ausdrückt.
- Eine Affirmation muss für den, der sie ausführt, etwas Wünschenswertes ausdrücken und emotionale Energien freisetzen.
- Eine Affirmation muss das Gefühl von Erreichbarkeit vermitteln, damit ein geistiges Vorstellungsbild dazu entstehen kann.

Aphorismen

Brockhaus definiert den Aphorismus als „knapper, oft schlagkräftig geformter, in sich geschlossener Sinnspruch in Prosa". Die Wirkung dieser Sprachform geht darauf zurück, dass scheinbar widersprüchliche Begriffe oder Gedankengänge in eine Verbindung gebracht werden. Dadurch bringen sie Sachverhalte oder Weltbilder schlüssig auf eine Formel: „zum Sterben zu viel, zum Leben zu wenig".

Sprachregelungen

Formen der Anrede, wie zum Beispiel die Verwendung der Vornamen oder die Bezeichnung „Familie" für die Belegschaft, geben Hinweise auf die Art der Unternehmenskultur und können die Wahrnehmung der Beziehungsaspekte im Unternehmen ganz konkret beeinflussen.

11. Riten und Zeremonien

Riten, Rituale, Spiele und Zeremonien erfüllen in allen Kulturen praktische soziale Funktionen. Der Regentanz der Hopi-Indianer beispielsweise sollte keineswegs Regen, sondern Gefühle auslösen, die die Solidarität unter den Kulturmitgliedern in einer schwierigen Zeit festigen.

In einem Unternehmen haben rituelle Handlungen vier Hauptfunktionen: Sie sollen sozialisieren, stabilisieren, Ängste und Zweifel abbauen und Botschaften nach außen transportieren.

Riten sind Bräuche und Gewohnheiten, die als eine Art Kult zu einer bestimmten Zeit an einem bestimmten Ort mit einer bestimmten Rollenbesetzung stattfinden. Werden Riten in einer festgelegten Folge öffentlich aufgeführt, so handelt es sich um *Rituale*. Durch die Benutzung von Symbolen werden bestimmte soziale Beziehungen ausgedrückt und definiert. Riten und Rituale bestätigen die vorherrschenden Machtstrukturen und stabilisieren die grundlegenden unternehmensbezogenen Werthaltungen und Normen. Typische Riten und Rituale sind Wettbewerbe, Auszeichnungen, Einführungsseminare und Entscheidungsfindungsprozesse.

Zeremonien dagegen werden zu bestimmten Anlässen inszeniert, um über die Ansprache der Gefühle die Identifikation der Mitarbeiter zu stärken. Veranstaltungen mit zeremoniellem Charakter sind zum Beispiel Weihnachts- und Gründungsfeiern, Betriebsfeste und Mitarbeiterversammlungen, Jahrestreffen, Schulungsstunden, Kongresse, Pensionierungsfeiern und Feiern aus Anlass besonderer Erfolge. Zeremonien sollen eine positivere Einstellung zur Organisation, zur Arbeit oder zu einer bestimmten Situation erzeugen.

Coca-Cola machte zum Beispiel 1954 aus der Konzessionärsversammlung zum 25-jährigen Jubiläum eine pseudoreligiöse Verkündigung. Hier ein Auszug aus der Festschrift:

> Tausend Augenpaare blickten am Freitagmorgen voll gespannter Erwartung, als der Vorhang nach Verklingen der Ouvertüre langsam die Bühne freigab und eine riesige Coca-Cola-Flasche aufglühte. Mit dunkel-sympathischer Stimme begann sie zu sprechen, im Rhythmus der Sprachschwingungen magisch aufleuchtend:
>
> „Ich bin nicht nur Glas und Inhalt, nicht tote Materie, für Euch bin ich sprudelndes Leben und prickelnde Lebendigkeit. Ihr habt mich zu einem königlichen Symbol erhöht, ich bin der Inbegriff Eurer Arbeit, für Euch aufstrahlender Mittelpunkt, Ihr habt Euch einträchtig und frohgestimmt um mich geschart, ich bin das Herz und die Seele Eures aufblühenden Geschäfts. Ich war" ich bin und will in alle Zukunft sein ... Ich bin nicht Ware schlechthin, ich bin einmalig und einzig in meiner Art, ich bin Coca-Cola, lebendiges Leben, schöpferischer Geist ... durch menschliche Kraft wurde ich zu einem der bekanntesten Warenzeichen auf dieser Welt ... (Fritz, 1980)

Der symbolische Eindruck eines solchen Rituals wirkt in seiner Gesamtheit direkt auf die mythische Wahrnehmungsebene ein unter Umgehung des „Intellekt-Filters".

Riten, Rituale und Zeremonien werden in Organisationen auch eingesetzt, um heikle oder bedrohliche Themen zu bearbeiten. Zum Beispiel bei Interessenkonflikten oder in einer Krisensituation.

Als die Firma Apple Computer sich 1984 in einer Krise befand, inszenierte Steve Jobs auf dem Jahrestreffen vor seinen demotivierten Verkäufern eine Rede, in der er sich ganz auf die Fehler von IBM konzentrierte.

> „Soll Big Blue das gesamte Informationszeitalter dominieren?" rief er zuletzt. „Hatte George Orwell recht?" „Nein!" schrien sie ... Und währenddessen senkte sich eine riesige Leinwand von der Decke. Das Schauspiel entfaltete sich in einem sechzig Sekunden dauernden „Microburst" (der Werbespot des Jahres 1984) ... Die Verkaufstagung war ab diesem Augenblick wie verwandelt – der Defätismus war der Euphorie gewichen. (Pfeffer, 1992)

12. Das „heilige" Objekt

Die Grundannahmen, Werte und Überzeugungen einer Unternehmenskultur spiegeln sich nicht nur in den Geschichten und Handlungen der Unternehmensmitglieder. Sie symbolisieren sich im gesamten materiellen Erscheinungsbild des Unternehmens.

Das Selbstverständnis seiner Kulturträger kann – analog einer Kultstätte – anhand ihrer Werkzeuge, ihrer Dokumente, ihrer Architektur, ihrer Inneneinrichtung, ihrer Machtsymbole, des Corporate Designs und der Produkte erschlossen werden.

Die Architektur kann beispielsweise Dominanz und Herrschaftsanspruch repräsentieren oder Offenheit und Toleranz. Sie kann Zeugnis ablegen von der Verherrlichung von Macht, Geld, Überlegenheit und Erfolg oder vom Geist der Bescheidenheit und Eleganz geprägt sein. Alles, was sich materialisiert hat, drückt die Haltung des Unternehmens aus und wirkt prägend zurück.

Symbole wurden aber auch schon immer bewusst eingesetzt, um einen Sinnzusammenhang zu transportieren, die Solidarität einer Gemeinschaft zu erzeugen und zu festigen und sie nach außen abzugrenzen: das Kreuz der Kirche, die Nationalflaggen, das Hakenkreuz, die Wappen, Uniformen, Firmenlogos und Ehrenabzeichen.

Ein Gegenstand kann sich im Laufe der Unternehmensgeschichte auch zum Bedeutungsträger oder Erinnerungszeichen entwickeln. Er kann mythische Zusammenhänge transportieren, die den Einzelnen an einen verbindenden Sinn erinnern. Eine Firmenchronik, ein Gründerportrait oder alte Lieferbücher können zum Fetisch, zum „heiligen Objekt", werden. Durch ihre Vergegenständlichung ermöglichen sie es, eines Ereignisses aus der Vergangenheit oder einer Zukunftsvision magisch habhaft zu sein.

Entscheidend für ein mythisches Symbol ist, dass es für die Kulturmitglieder einen Bedeutungszusammenhang verdichtet und transzendiert. Es kann dann sogar die Ausrichtung der Kulturmitglieder begründen und von der Vergangenheit in die Gegenwart und Zukunft hineinwirken. Die Aufgabe der Unternehmensführung ist es, die positive Wirkung dieser Symbole zu erkennen und zu pflegen.

13. Ist ein Mythos steuerbar?

Mythische Sinnsysteme haben offensichtlich eine sehr positive Wirkung auf die Identifikation und Motivation der Mitarbeiter.

Eine ausgeprägte Mythodynamik kann aber, neben den beschriebenen positiven Funktionen, auch die Zukunft eines Unternehmens gefährden. Sie kann zum Beispiel Elemente enthalten, die einer veränderten Marktsituation oder dem Wachstum des Unternehmens nicht mehr gerecht werden. Oder ein Mythos hat sich aufgrund unternehmensgeschichtlicher Ereignisse negativ entwickelt und blockiert nun eine erforderliche strategische Neuorientierung. In diesen Fällen stellt sich die Frage, ob und wie ein Mythos verändert und ausgerichtet werden kann.

Darüber, ob Sinnsysteme veränderbar oder gar „machbar" sind, existieren zwei grundlegend verschiedene Positionen.

Wenn man Unternehmenskultur als sozial konstruiertes Sinnsystem begreift, ist es nicht objektiv erfassbar, daher auch nicht steuerbar.

Geht man dagegen von der Annahme aus, dass man die Handlungen der Organisationsmitglieder prognostizieren und steuern kann, wenn ihre kausalen Zusammenhänge bekannt sind, kommt man zu der Schlussfolgerung, dass durch die Veränderung bestimmter Elemente die Unternehmenskultur auf die Erreichung der Unternehmensziele hin ausgerichtet werden kann.

In jedem Fall kann eine Veränderung nur über die mythische Bewusstseinsschicht erfolgen, da sie die weltbildgestaltende Instanz ist. Wie wirkungsvoll sind die gängigen Ansätze zur Kulturgestaltung?

Der ideologische Ansatz

Der ideologische Ansatz basiert darauf, dass die Unternehmensspitze eine Ideologie formuliert, die allen Unternehmensmitgliedern als Richtschnur für ihr zukünftiges Verhalten, für ihre Werthaltungen und Entscheidungsfindung dienen soll.

Neue Einstellungen, Werthaltungen und Normen werden nur dann angenommen, wenn sie mit dem mythischen Weltbild und dem beobachtbaren Verhalten übereinstimmen. Bevor Grundannahmen und Verhaltensweisen nicht die neue Ideologie widerspiegeln, kann sie sich nicht durchsetzen. Dieser Ansatz ist daher nur bei geringfügiger Kulturänderungen effektiv. Er setzt voraus, dass sich die veränderten Wertvorstellungen und Normen nicht radikal von den mythischen Grundannahmen unterscheiden. Oder dass ein einflussreicher Teil der Unternehmensmitglieder bereits die gewünschten Verhaltensweisen und Wertvorstellungen verinnerlicht hat.

Der verhaltensorientierte Ansatz

Der verhaltensorientierte Ansatz konzentriert sich auf die Änderung von operationalen Betriebsmethoden und Verhaltensweisen, die die gewünschten Wertvorstellungen und Verhaltensnormen widerspiegeln. Das vorbildliche Verhalten der Führungspersonen, durch das sich das „gelebte Wertsystem" ausdrückt, spielt bei diesem Ansatz eine große Rolle. Die vom mythischen Sinnsystem abweichende Ideologie wird also nicht über intellektuelle Definitionen vermittelt, sondern über verändertes Verhalten.

Die Fluggesellschaft British Airways zum Beispiel konzentrierte sich auf den pünktlichen Start der Flugzeuge sowie auf die Verbesserung des Services. Mit dem Slogan „Menschen kommen zuerst" wurde ein intensives Mitarbeitertraining durchgeführt, das den Kundenkontakt verbesserte und intensive Verhaltensveränderungen bewirkte. Erst Jahre später, nachdem die neuen Grundannahmen und Wertvorstellungen sich über die Artefakte-Ebene gefestigt hatten, wurde die Unternehmensphilosophie formuliert. Das Verhalten wird über die symbolische Interaktion und über das logisch-analytische Denken interpretiert. Es hat daher system- und sinnbildende Auswirkungen auf das mythische Weltbild und auf die ideologische Haltung. Dieser auf zwei Ebenen wirkende Ansatz ist für grundlegende Kulturänderungen geeignet, insbesondere, wenn er durch Schulungsmaßnahmen und symbolische Kommunikationsformen unterstützt wird.

Der symbolische Ansatz

Dem Ansatz des symbolischen Managements kommt für die Mythos-Entwicklung die größte Bedeutung zu. Das symbolische Management will durch den funktionalen Einsatz von Symbolen und Formen symbolischer Interaktionen gezielt eine Sinngemeinschaft vermitteln, aufbauen und pflegen.

Absicht des symbolischen Kulturmanagements ist es, ideologische Werthaltungen, Normen und Einstellungen durch den Einsatz von kommunikativen und repräsentativen Symbolen zu vermitteln. Entscheidend bei dieser ideologischen Sinnvermittlung ist, dass die Instrumente informellen Charakter haben. Denn diese administrative Erzeugung von Sinn funktioniert nicht, wenn die dahinterliegende Absicht durchschaut wird – man spürt die Absicht und ist verstimmt.

Dieser zielgerichtete und zweckrationale Umgang mit Symbolen birgt die Gefahr, dass Manager die Ambition entwickeln, in der Rolle von Gurus durch ideologische Kontrolle eine „Corporate Consciousness" zu entwickeln (Orwell lässt grüßen!). Die Entwicklung eines geteilten Sinnsystems in einer kulturellen Gemeinschaft ist ein kontinuierlicher Interpretations- und Lernprozess. Er vollzieht sich nur, wenn Sinn durch adäquate Verhaltensweisen und Entscheidungen des Managements vermittelt wird. Symbole können dann als Kommunikationsmittel unterstützend wirken.

Der Vergleich dieser Ansätze zur Kulturgestaltung führt zu folgendem Fazit: Der verhaltensorientierte Ansatz und der symbolische Ansatz sind Kulturänderungstechniken, die Zugang zur mythischen Wahrnehmungsebene haben. Über sie kann das mythische Weltbild entwickelt und verändert werden. Der intellektuelle Ansatz kann erst dann unterstützend eingesetzt werden, wenn das erwünschte Sinnsystem durch die beiden vorhergehenden Ansätze bereits stabilisiert wurde.

14. Unternehmensmythen auf der Spur

Die drei nachfolgenden Fallbeispiele zeigen auf, wie Unternehmensmythen analysiert und interpretiert werden können – und wie sie sich in einem Zeitraum von 15 Jahren entwickelt haben.

Ziel der Analysen in den Jahren 1992 und 1993 war es, das Sinnsystem der Unternehmensmitglieder und seinen Kristallisationspunkt zu identifizieren sowie die Entstehungs- und Veränderungsbedingungen aufzuzeigen. Dafür war die Entschlüsselung der Anekdoten, Rituale und Symbole entscheidend. Sie konnte nur durch das Vertrauen der Mitarbeiter und Mitarbeiterinnen gelingen, durch ihre Bereitschaft, sich intensiv auf die Einzel- und Gruppeninterviews einzulassen. Für diese Unterstützung bin ich ihnen sehr dankbar.

In den Interviews wurde auch deutlich, wie entscheidend das Sinnsystem eines Unternehmens durch die Werte und Visionen einer charismatischen Persönlichkeit ausgerichtet wird.

Um die zugrunde liegenden symbolischen Strukturen, metaphorischen Bedeutungen sowie ihre emotionale Ladung aufzudecken, setzte ich standardisierte Fragen sowie subjektiv-interpretative Methoden ein und ergänzte sie durch Beobachtungen, Firmenrundgänge und Dokumentenanalyse.

Die Ergebnisse wurden dann einer qualitativen Inhaltsanalyse unterzogen, die Auswertungskriterien fallspezifisch festgelegt. Die entstandenen Beispiele konzentrieren sich auf einen für das vorliegende Buch repräsentativen Aspekt aus dem vielschichtigen Fundus der Untersuchungsergebnisse.

Wie haben sich die Unternehmensmythen in einem Zeitraum von 15 Jahren entwickelt? Was hat sicher verändert? Die Neuauflage dieses Buches inspirierte dazu, Ende 2008 einen aktuellen Blick in die Unternehmen zu werfen. Diese „Nachanalysen" entstanden zum Teil unter Mitwirkung der gleichen Gesprächspartner wie 15 Jahre zuvor. Ihnen sowie Berenice Küpper (C. Bechstein) und Erik Heitmann (Springer & Jacoby) danke ich für ihre Unterstützung.

Bechstein –
Vom Mythos zur Dachmarke

Bechstein ist ein Begriff, bei dem viele Assoziationen auftauchen. Diese unbestimmte Verdichtung von Wirklichkeit durch ein Schlagwort ist ein deutliches Indiz für ein mythisches Symbol. Bechstein – das gehört zum Horizontwissen unserer Kultur – ist ein traditionsreicher Hersteller von hochwertigen Konzertflügeln und Klavieren mit einem besonderen Klangbild, dem „deutschen Klangbild". Der goldene Schriftzug wird assoziiert mit der großen deutschen Musik, mit Konzerten von Brahms, Liszt, Hans von Bülow und ist eigentlich in einer anderen Zeit angesiedelt: in der Zeit vor der Jahrhundertwende und im Berlin der 20er Jahre, als es zum guten Ton gehörte, dass die Tochter Klavier spielt. Bei Bürgern stand der Flügel im Musikzimmer, und auf den großen Luxusdampfern fehlte er nie. Bechstein ist ein Symbol für die „deutsche Kultur" – wieder ein mythisches Schlagwort, dass hier nicht hinterfragt werden soll.

Carl Bechstein (Quelle: Firmenchronik)

Gründung der Firma Bechstein

Den Grundstein für das Unternehmen legt der Klavierbauer Carl Bechstein 1853 in der Behrenstraße in Berlin-Kreuzberg. Er setzt die Kenntnisse und Erfahrungen seiner Lehr- und Wanderjahre in Dresden, Berlin und Paris in einer neuen Klavierkonzeption um.

Ein dreiviertel Jahr benötigt er, um seine ersten beiden Klaviere eigenhändig herzustellen.

Der hohe Wert der Instrumente wird von Hans von Bülow und Franz Liszt erkannt, und es entsteht ein freundschaftliches Verhältnis mit Bechstein. Schon 1862 werden Bech- steins Instrumente auf der Londoner Industrieausstellung mit einer silbernen Medaille geehrt. Das Unternehmen entwickelt sich schnell. Das neue Fabrikgebäude in der Reichenberger Straße, Berlin-Kreuzberg, wird kontinuierlich ausgebaut, 1879 entsteht ein Magazin in London, Verkaufsagenturen in europäischen Kulturzentren sowie in Amerika, Südamerika und Asien folgen.

Quelle: Firmenchronik
Zertifikat von der Gewerbeausstellung

Nach Bechsteins Tod 1900 übernehmen seine Söhne die Firma. Zwischen 1910 und 1914 produzieren 1 100 Arbeiter jährlich 5 000 Klaviere und Flügel. Diesen Aufschwung verdankt man zum Einen der Qualität von Bechstein-Instrumenten, zum Anderen dem Trend dieser Zeit. Die Nachkriegsinflation des Ersten Weltkriegs bringt Bechstein dann in finanzielle Schwierigkeiten, die Produktion geht erheblich zurück. 1923 gründen die Söhne eine Aktiengesellschaft.

Der nächste Krieg bringt einen weiteren Einbruch: Aufgrund der Protektion durch die faschistischen Machthaber wird das Unternehmen ab 1945 nach alliiertem Status treuhänderisch verwaltet. Die Familie Bechstein bleibt im Hintergrund und verkauft schließlich ihre Aktienanteile. Ab 1955 werden Bechstein-Instrumente von der amerikanischen Firma Baldwin produziert.

Der heutige Inhaber, der Klavierbaumeister und Betriebswirt Karl Schulze, kauft 1986 die Traditionsmarke, wandelt sie in eine GmbH um und übernimmt zügig die Marken Hoffmann, Zimmermann und Steinmann unter das Dach von Bechstein.

Im August 1993 wendet der Berliner Senat durch den Rückkauf des Firmengebäudes einen Konkursantrag ab. Zu diesem Zeitpunkt werden mit 155 Mitarbeitern 1 400 Klaviere und 400 Flügel hergestellt.

Das folgende Porträt wurde 1992 aufgezeichnet. Es zeigt die Kultur eines Unternehmens, das sich in einer intensiven Veränderungsphase befindet: Weg vom Mythos des „hochherrschaftlichen Flügelherstellers" mit Meisterstrukturen – hin zu einem Unternehmen mit modernen Fertigungsstrukturen, einer breiten Produktpalette und flachen Hierarchien. Vielen Mitarbeitern, die nach dem Krieg bei Bechstein anfingen, wurde in letzter Zeit gekündigt, weitere Entlassungen stehen kurz bevor.

Ortsbeschreibung

Kurz vor der Maueröffnung verlässt die Firma das „Bechstein-Haus" in der Reichenberger Straße/Ecke Ohlauer Straße, das über 120 Jahre Firmensitz war, und zieht an den Kreuzberger Moritzplatz.

Die bronzeverspiegelten Scheiben des nüchternen Baus aus den 60er Jahren weisen noch auf den vorherigen Benutzer, Siemens-Nixdorf, hin. Im Vorderhaus befinden sich die Verwaltung, ein Flügel- und Klaviermuseum und ein Konzertsaal. Im hinteren Trakt sind die Werkstätten untergebracht. Auf dem Weg zur Geschäftsleitung in der ersten Etage treffe ich im Treppenhaus auf Relikte aus der Firmen-Historie: ein Porträt von Carl Bechstein und eine Miniatur des ehemaligen Firmensitzes, ein stattlicher Fabrikkomplex aus rotem Klinkerstein.

Die Verwaltungsräume strahlen die unaufwendige, solide Atmosphäre eines mittleren Betriebes aus. Die Zwischenwände der Büros sind ab halber Höhe verglast und geben den Blick in die Nebenräume frei. Selbst das Büro des Managements ist nach einer Seite hin einsehbar.

Image und Tradition

Durch den Zusammenschluss zur Bechstein-Gruppe Berlin sieht die Geschäftsleitung den Vorteil, eine Produktpalette vom Einstiegspiano bis hin zum Konzertflügel unter der Dachmarke Bechstein anzubieten. Dadurch soll der Imagetransfer der exklusiven Marke auf das mittlere und niedrige Preissegment genutzt und wirtschaftliche Stabilität durch das breite und tiefe Angebot erreicht werden.

Das Bechstein-Image ist in der Öffentlichkeit trotz des langen amerikanischen Zwischenspiels verknüpft mit den Attributen „große deutsche Musik", „deutsche Handarbeit" und „deutsches Klangbild" und steht für „hohe Qualität".

Neuer Bechstein-Auftritt: das „Tastenweib"

Um neue Käuferkreise, insbesondere das jüngere Publikum anzusprechen, soll das „antiquierte" Bechstein-Image des „herrschaftlichen Herstellers" aufgegeben werden. „Der Markt verlangt mehr Power, mehr Dynamik." Diesem Anspruch sieht die Geschäftsleitung sich durch den neuen, jung-dynamischen Auftritt mit dem „Tastenweib" gewachsen.

Unternehmenskultur wird von der Geschäftsführung her wenig wahrgenommen. Eine gemeinsame Weihnachtsfeier wird veranstaltet und einmal im Jahr ein Betriebsausflug. Eine Kantine ist vorhanden, allerdings ohne Essensangebot. Der karge Raum enthält außer Tischen und Stühlen einen Coca-Cola-Automaten.

Die wechselvolle Geschichte des Hauses wurde nach der Übernahme in einer Firmenchronik festgehalten, eine neue Ausgabe ist in Vorbereitung. Die Chronik beschreibt Carl Bechstein als einen „hochbegabten, vielfältig talentierten und nicht zuletzt zur Freundschaft begabten Mann". Referenzen von Liszt, Wagner und von Bülow bezeugen das innige Verhältnis zu Bechstein. Die Lieferliste mit Königshäusern in Europa, Rußland und Asien und Abbildungen der mit Intarsien, Malereien und Verzierungen geschmückten Konzert- und Salon-Flügel – und natürlich vom „Goldenen Bechsteinflügel" – erzählen eindrucksvoll von dem Luxus und dem Prestige, mit dem Bechstein-Instrumente in der wilhelminischen Zeit und um die Jahrhundertwende verknüpft waren.

Die Produktphilosophie Bechstein ist prosaisch und reich bebildert in einer klassisch gehaltenen Broschüre festgehalten. Hier werden mehrere Mythen gepflegt: der Handwerkermythos, der Mythos von der besonderen Qualität des Holzes, der besonderen Konstruktion und stabilen Bauweise von Bechstein-Instrumenten und ihrem besonderen Klang:

Still ruht das Holz und arbeitet. Tage, Wochen, Monate liegt es da, verzieht kreuz und quer, dann und wann, ein paar Fasern und Äste, einem müßigen Räkeln gleich. Wer Klaviere und Flügel nach alter Handwerkstradition fertigt, verbraucht ein rar gewordenes Gut: Zeit, und die nicht zu knapp.

Als Carl Bechstein 1856 ein Konzert von Franz Liszt besucht, staunt er nicht schlecht über dessen Wüten auf den Tasten. Ob der Flügel das brachiale Spiel aushält? Tatsächlich reißen die Saiten, und am Ende des Konzerts steht man vor den Trümmern des Instruments. Und Bechstein beschließt, einen besseren Flügel zu bauen. Einen, der Klangqualität und Stabilität vereint. Das Ergebnis: Die Bauweise dieses Flügels hat im Wesentlichen noch heute Bestand.

Der Bechstein-Mythos

Meine Ansprechpartner sind zwei junge Prokuristen. Sie machen mir wenig Hoffnung, bei der Belegschaft auf Geschichten, gar auf einen Mythos über den Gründer zu stoßen. Der sei schließlich schon 1900 gestorben. Den Arbeitsausfall, der durch Mitarbeiterinterviews entsteht, will man nicht tragen. Sie werden in ihre Freizeit verlegt.

Zwei Mitarbeiter aus der Produktion waren mit einem Interview einverstanden. Der Klavierbaumeister Karnatz hat 1948 als Lehrling bei Bechstein angefangen und ist heute einer der „Altgedienten". Karnatz ist der „Held" der Firma, wie ich von seinem Kollegen Christoph Göcke erfahre. Der junge Cembalo- und Klavierbauer ist seit vier Jahren bei Bechstein und schließt gerade seine Meisterprüfung ab. Weitere Informationen erhielt ich von dem technischen Leiter, Herrn Mohler, der seit fünf Jahren bei Bechstein arbeitet.

Carl Bechstein

Carl Bechstein ist zwar schon seit über einem Jahrhundert tot, aber in den Erzählungen und Erinnerungen der Arbeiter hat er überlebt. „Die Alten" haben ihn lebendig erhalten. Die Alten sind die über 70-Jährigen, die sich 1945 bei Bechstein wieder einfanden und den Grundstock des damaligen Personals ausmachten.

> Karnatz: *Als ich anfing zu lernen, waren meine Ausbilder über siebzig. Die mussten noch arbeiten, weil sie nach dem Krieg keine Rente bekamen. Es gab ja sehr wenige Heimkehrer, und die versuchten, sofort wieder in den alten Beruf zu schlüpfen. Aber den Grundstock bildeten die Alten, die ja noch die Familie kannten. Und von diesen Leuten konnte ich etwas aus der Gründerepoche erfahren. Durch sie konnte ich mir noch ein Bild malen, über den Gründer und seine Söhne. Muss schon sagen, das müssen tolle Hechte gewesen sein!*

Die Gründungs-Geschichte

Mohler, der wegen seiner Begeisterung für die besondere Bauweise und den Klang von Bechstein-Instrumenten zur Firma gekommen ist, sieht den Kern der Firmengeschichte darin,

> *... dass der Bechstein auch seine Wanderjahre gemacht hat. Er hat erkannt, dass andere Klavierhersteller Schrott bauen. Ihre schönen und feinen Instrumente haben nicht standgehalten. Wie man das besser macht, das hat er in sich getragen, aber nicht verraten. Stattdessen ist er nach Berlin gegangen, hat eine Firma gegründet und die Instrumente so gebaut, wie er sich das vorgestellt hat. Das ist für mich der Schlüsselpunkt dieses Erfolgs von Bechstein, er hat richtig entschieden als Instrumentenbauer. Und er war auch ein guter Kaufmann.*

> Karnatz: *Er hat sich sein Wissen gut zusammengetragen. Er war gut beraten, seine Wanderjahre nach Paris zu lenken. Paris war die Hochburg des Klavierbaus. Dort hat er sich seine Erfahrungswerte gesammelt und im Grunde auch einiges kopiert.*

Dieses Selbstverständnis als „innovativer" Klavier- und Flügelhersteller ist noch heute im Unternehmen verankert.

> Göcke: *Die Instrumentenbaukunst von Bechstein steht für viele Versuche – trotz der Beibehaltung seiner traditionellen Bauart. Es wird nicht wild rumexperimentiert, aber Bechstein versucht immer Neues. Steinway dagegen hält an ganz bestimmten Techniken fest.*

Wie sehr Erinnerungen verknüpft sind mit Symbolen und sich durch sie erhalten, zeigt diese Erzählung:

> Karnatz: *Der alte Bechstein hatte ein Haus in Erkner. Jeden Morgen fuhr er mit der Kutsche hierher. Im Winter mit dem Schlitten. Die Stallungen in der Reichenberger Straße über dem Hof, wo er die Pferde einstellen ließ, waren bis zur Renovierung vor zehn Jahren noch da.*

Storys und Anekdoten

Die überlieferten Anekdoten und Geschichten über den Gründer kreisen um die Strenge und Disziplin, mit der der „alte Bechstein" sein Unternehmen geführt hat.

> Mohler: *Man erzählt vom alten Bechstein, dass er die Lehrlinge persönlich ausgebildet hat. Und dass er von seinem Büro aus diesen Bereich überwacht hat. Wenn irgendwas falsch war oder nicht gemacht wurde, dann ist er wie eine Furie rausgeschossen! Das haben mir die Alten erzählt.*

Karnatz: Es durfte keiner Klavier spielen beim alten Bechstein. Wenn da einer geklimpert hat, ist er hingegangen, hat ihm auf die Schulter geklopft und gesagt: "Männeken! Sie sind hier zum Arbeiten, nicht zum Klavier spielen. Wenn ich Klavier spielen hören will, kann ich mir einen Künstler leisten. Dann lass ick mir einen kommen." So haben die Alten erzählt, so war es.

Und wer nicht pünktlich war – nach sieben Uhr wurde das Tor zugeschlossen. Vor neun Uhr wurde nicht wieder aufgemacht. Das waren dann zwei Stunden Einbuße!

Die Zusammenarbeit der Familie Bechstein mit den Nazis ist unter den Mitarbeitern bekannt. Von außen haben sie nie gehört, dass diese Tatsache der Firma angelastet wird; die gegenwärtige Marktsituation der Firma wird dennoch in direktem Zusammenhang mit den damaligen Ereignissen gesehen.

Göcke: Die Zusammenarbeit mit den Nazis hat nach dem Krieg das Aus für Bechstein bedeutet. Wahrend es bei Steinway kontinuierlich weiterging, produzierte Bechstein zunächst nur unter dem Decknamen "Best". Unter der Bezeichnung Bechstein wurde in bestimmten Ländern nichts mehr abgenommen. Die Situation jetzt hängt mit diesem Aus zusammen.

Zum Verhältnis zwischen Chef und Angestellten beziehungsweise zwischen intellektueller und handwerklicher Arbeit wird folgende Geschichte erzählt.

Karnatz: Der Sohn von Bechstein, Edwin, landete nach dem Zusammenbruch im russischen KZ, als der böse Bechstein, den sie kriegen konnten. Er darbte dort wie alle Eingebuchteten, bis er seinen ehemaligen Into-

> neur, Herrn Banse, traf. Man kannte sich ja vom Hause Bechstein. Der eine war der Chef, der andere der angestellte Ingenieur. Und Herr Banse sagte zum Edwin: „Passen Sie mal auf, Herr Bechstein, wir beide reparieren jetzt Klaviere und Flügel." Und so hielten sich die beiden über Wasser. Im KZ. Weil sie die tüchtigen Klavierbauer waren. Edwin hatte das ja nicht gelernt, Edwin hatte ja keine Ahnung davon. Aber von Herrn Banse an die Hand genommen, war die Sache das Überleben des Edwin Bechstein. Und daraufhin sagte der Edwin immer: „Wissen Sie, wenn mein Junge mal so weit ist, der muss es aber richtig lernen, damit er nicht so improvisieren muss wie ich im Lager."

In der Krisensituation erweist sich die praktische handwerkliche Fähigkeit des Angestellten als überlegen. Das Autoritätsverhältnis dreht sich um: Der Chef wird von seinem Angestellten an die Hand genommen. Er verdankt dem Handwerk sein Überleben und erkennt dessen Wichtigkeit.

Mythische Symbole

In den alten Lieferbüchern der Firma Bechstein ist jeder Flügel, jedes Klavier, das das Haus verlassen hat, handschriftlich aufgeführt. Die drei dicken Bände stehen heute mitten im Büro. Bei Kundenreparaturen wird nachgeschlagen, an welchem Tag das Instrument ausgeliefert wurde und wohin. Den Kunden wird aufgrund dieses Dokumentes dann beim Kostenvoranschlag oder bei der schriftlichen Begutachtung etwas über die Geschichte ihres Instrumentes vermittelt.

Lieferbücher: Auszug aus dem Register (Jahrgang 1855-1890)

Göcke: *Die Lieferbücher finde ich hochgradig wertvoll. Das hat etwas sehr gehobenes, wie jeder Flügel handschriftlich nummeriert ist, an welchem Tag er an welchen Kunden ausgeliefert wurde. Trotz der großen Stückzahl wurde jeder persönlich vermerkt.*

Karnatz: *Es ist kurios, bei Reparaturaufträgen sehen wir in den Lieferbüchern nach, wann und wohin der Bechstein geliefert wurde. Es kommt vor, dass wir einen Flügel wieder genau dort zur Reparatur abholen, wo wir ihn vor 60, 70 Jahren hingeliefert hatten. Der Großvater hat es gekauft, der Vater geerbt und jetzt haben ihn die Kinder.*

Goldener Bechsteinflügel im Stil Louis XV. Die Malereien sind in der Manier Watteaus ausgeführt: oben die Baßwand

Ein altes Instrument transzendiert die Zeit. Ein Klavier oder ein Flügel von Bechstein ist ein Symbol, in dem die schöpferische Fähigkeit eines Klavierbauers überlebt und eine vergangene Epoche direkt erfahrbar wird. Auf die Frage nach dem Sinn, den er bei seiner Arbeit empfindet, schwärmt Herr Karnatz von den alten Instrumenten.

> <u>Karnatz:</u> *Ich habe ein persönliches Empfinden zu der Instrumentengeschichte. Es gibt ja die schönsten Sachen in den englischen Adelshäusern und bei ehemaligen Kolonialbeamten oder in den russischen Großstädten, wo der Adel sich Superluxusinstrumente geleistet hat. Bemalt und geschnitzt mit Intarsien und Edelhölzern bis zum Gehtnichtmehr. Sagenhaft traumschöne Dinge! Was da produziert wurde, kann mich heute noch begeistern, denn das beinhaltet gutes deutsches Handwerk. Und wenn man dann den Bechstein-Stempel drinnen sieht, dann sagt man sich: Oha, die konnten das! Ich habe mich mal als junger Bursche wahnsinnig gefreut, als ich die Chance hatte, den goldenen Bechstein-Flügel zu reparieren. Das war ein Erlebnis, da wachen Erinnerungen auf! Ich habe Ehrfurchtsgedanken vor den Leuten, die das geschaffen haben. Die es ja nicht mehr gibt, aber das, was sie geschaffen haben, ist heute noch existent, es ist gangbar und spielbar. Eine tolle Sache! Ein 100-jähriges Auto gibt es noch nicht.*
>
> *Es gibt ja so viele schöne Instrumente, an denen Familientradition hängt. Manchmal kommt Erstaunliches heraus, wie weit ein Instrument schon durch die Welt gereist ist. Geliefert nach Sankt Petersburg – Reparaturauftrag aus Nicaragua.*

> *Das einfache Klavier gehörte in bürgerlichen Familien zum guten Ton in der Epoche um die Jahrhundertwende. Der exzellente Flügel war zu finden in den besseren Salons, in den Botschaften, in den Gesandtschaften, bei den Diplomaten, bei den Ärzten, bei den Wissenschaftlern. Ein Musikzimmer in der Villa in Dahlem oder im Grunewald beinhaltete auch ein Instrument. Oder wenn wir die nächste Epoche sehen, die Dampfschifffahrt, Hapag Lloyd. So ein Schiffsflügel im Rauchsalon oder im Speisesaal war doch ein Reklamegag! Wer fuhr denn schon Dampferchen nach Übersee! Es ist herrlich, das zu sehen, in den alten Filmen der Ufa-Zeit. Die Bechstein-Flügel!*

Zeremonien und Rituale

Die Kultur, die traditionellen Umgangsformen waren eng verknüpft mit dem alten Firmensitz in der Reichenberger Straße. Karnatz erzählt von den alten Gepflogenheiten:

> <u>Karnatz:</u> *Die alte Zeit hatte ihre Haken und Ösen, aber ich muss ehrlich sagen, die war schön! Jetzt ist alles sehr – clean. Früher, in der Ohlauer Straße, gab es spontane Festgelage in den Werkstätten. Damals ist der Betriebsleiter auf zwei Schultern durch die Werkstatt getragen worden. Der hat geschrien: „Runterlassen, runterlassen!", aber wir haben ihn nicht runtergelassen, zweimal haben wir ihn durch die Werkstatt getragen. Das sind Erinnerungen an eine Gemeinschaft, die unter vielen Altersschichten bestanden hat. Am nächsten Tag war dann alles mucksmäuschenstill, wir haben reingehauen wie teufelnochmal, um die Zeit wieder einzufangen, wir haben ja Akkord gearbeitet und wollten keine Lohneinbuße haben.*

Tradition war früher, wenn ein Neuling sein erstes Stück fertig hatte, dann ließen alle zusammen ihre Ziehklingen auf die Bank scheppern. Das gab ein mordsmäßiges Getöse und der wusste dann, morgen ist seine Lage fällig.

Wir hatten mal einen Betriebsleiter, der setzte sich dazu, wenn wir feierten. Den Meister ließ er bestimmen, wann es weitergeht. Wenn die Pause dann eine halbe Stunde oder eine Stunde überschritten wurde, zählte das nicht.

Diese Bräuche haben sich im Altbau gehalten. Nach dem Umzug ist das hier ziemlich abgebrochen. Ich weiß nicht, warum. Manches stirbt urplötzlich, und nach einer gewissen Zeit fragt man sich, wo ist das geblieben, warum ist dies verschwunden oder abhandengekommen? Hier hat sich alles modernisiert, die Altgedienten sind kurz vor der Rente. Und für eine Firma, die jung und dynamisch sein will, ist das auch sehr praktisch.

Christoph Göcke, der noch die letzten Monate in der Reichenberger Straße erlebte, beschreibt die Atmosphäre:

<u>Göcke</u>: *Die Atmosphäre war von den Berliner Umgangsformen geprägt. Die „Berliner Schnauze" hat schon ihre Berechtigung. Alle, bis zu den Obersten, hatten Sorge, ob sie schlagfertig genug sind, um mit dieser Berliner Schnauze zurechtzukommen. Für mich war die Stimmung herbe unter den Leuten. Diese verruchte alte Fabrik und die verruchten Originale, die da drin gefuhrwerkt haben. Was mir sehr gut gefallen hat, war der alte Salon, der alte Vorführraum für die Instrumente. Ein langgezogener Raum mit Parkettboden,*

die Flügel standen in der Reihe, vor den großen Fabrikfenstern hingen alte Vorhänge.

Die Gepflogenheiten in der alten Firma waren mehr an vergangene Zeiten angelehnt. Von ihnen ist durch den Umzug nicht viel übrig geblieben. Auch durch die personelle Veränderung. Jetzt sind hier junge Leute zusammengewürfelt, man kennt sich nicht so gut. Die alte Mannschaft dagegen war richtig miteinander verzahnt.

Die alte Firma hat für die alten Leute eine ganz große Bedeutung erhalten. Das sind schmerzliche Trennungen gewesen. Ganz doll! Zum Richtfest haben wir ein Lied gedichtet, das auf den Umzug gemünzt war. Nach der Melodie von „Go down Moses". Das war eine spontane Idee. Wir haben hier so ein paar prädestinierte Leute, die stellen schnell mal was auf die Beine. Die Aussage war ein bisschen satirisch, zynisch, aber nicht bös' gemeint. Der Titel war: „Bechstein, tschüs, ade!"

Was überlebt hat, ist der morgendliche Gruß. Karnatz ist jemand, der jeden Morgen herumgeht, seinen vertrauten Leuten die Hand schüttelt und ein paar belanglose kurze Einstandsworte wechselt. Von ihm habe ich das zu schätzen gelernt. Völlig unzeitgemäß eigentlich, aber wir praktizieren das, und ich finde es sehr angenehm.

Der Held

Karnatz ist ein wichtiger Vermittler von Tradition und Sinn für die Belegschaft. Darüber hinaus ist er aber auch der anerkannte Held in dieser Epoche der Unternehmenskultur. Durch sein Vorbild werden Werthaltungen und Normen ermittelt, die entscheidend das Selbstverständnis und die Arbeitshaltung im Betrieb prägen.

<u>Göcke:</u> *Der Begriff „Held" passt sehr gut auf Karnatz. Karnatz war früher ein rauer Geselle, auch ein harter Abteilungsleiter, fast sogar streng, wie ich gehört habe. Er stellt hohe Leistungsanforderungen und ist sehr fordernd. Das ist nicht einfach für die Mitarbeiter. Aber er ist ein Typ, den alle jungen Leute, die ein Gefühl für Respekt haben, schätzen.*

Karnatz ist nicht das Schoßhündchen der Firma, der es immer nett gehabt hat, der immer dazugehört hat. Er macht sich durch seine Art, durch seine Konsequenz nicht unbedingt beliebt. Denn er ist in seiner inneren Haltung mit der Firma verheiratet und bleibt total auf seiner Linie. Technisch gesehen und auch mit seinen Umgangsformen. Ihm ist es wichtig, dass es der Firma gut geht, er sorgt sich. Und seine Vorstellungen stehen nicht immer im Einklang mit den jungen Führungskräften. Karnatz ist ein ganz stolzer alter Arbeiter, der auch gewerkschaftlich organisiert ist und sich als Arbeiter wichtig nimmt. Wer ist heute schon stolz, Arbeiter zu sein. Alle wollen Manager sein!

Sinnvermittler wie Karnatz stoßen bei der Geschäftsführung auf gemischte Gefühle:

<u>Mohler:</u> *Herr Karnatz hat zum Teil positive Effekte, zum Teil sind seine Bemerkungen aber auch unzeitgemäß. Die alten Instrumente – was Besseres gibt es nicht für ihn. Er macht die jungen Klavierbauer scharf auf die alten Kisten und lehnt das Neue ab. Das ist eigentlich gefährlich.*

Ein Mythos wird aufgelöst

Diese Dokumentation ist nur ein kleiner Ausschnitt aus der lebendigen und starken Unternehmenskultur, die bei Bechstein über einen Zeitraum von fast 150 Jahren gewachsen ist. Sie zeigt auf, wie lange eine Gründerpersönlichkeit und Ereignisse, die über ein Jahrhundert zurückliegen, durch mündliche Überlieferungen erhalten bleiben. Sie zeigt auch auf, wie stark die Gepflogenheiten und Rituale einer kulturellen Gemeinschaft an die Umgebung geknüpft sind, in der sie sich gebildet haben.

Das Selbstverständnis, das die Unternehmenskultur von Bechstein über alle Wechselfälle hinweg bestimmt hat, war die Identifikation mit einer für sich stehenden Marke, dem „hochherrschaftlichen Hersteller". Mit einer Zeit, in der Bechstein auf dem Höhepunkt seines Erfolgs ein Image entwickelte, das noch heute auf der ganzen Welt fest verankert ist.

Diese Orientierung war der Mythos. Er wird direkt erfahrbar in den Symbolen: den Lieferbüchern und den alten Instrumenten. Diese Symbole verdichten Geschichte, sie vermitteln die Transzendenz der Zeit und lassen sie als Epochen lebendig werden. In Verbindung mit den mündlichen Überlieferungen und Gepflogenheiten aus der Vergangenheit des Unternehmens wird in ihnen der Ursprung und die „große Zeit Bechsteins" erfahrbar. Wie lange sich dieser Mythos auch als Zukunftsorientierung bewährt hat, wird durch diese Aussage von Karnatz deutlich:

> <u>Karnatz:</u> *Bechstein ist eine Epochen-Dynastie. Die Firma ist zwar nicht in der Familie geblieben, aber sie hat sich von Epoche zu Epoche durchgehangelt, immer mit den passenden Leuten. Es gab so viele Widrigkei-*

ten, auch Misserfolge, eins vor und eins zurück. Und trotzdem ist Bechstein immer wieder wie ein Phoenix aus der Asche emporgekommen. Es ist schade, dass wir derzeit eine so miserable Wirtschaftslage haben. Das hätte ich mir jetzt, zum Ende meiner Epoche, so nicht gewünscht.

Wissen Sie, die Alten haben von dem gigantischen, weltweiten Imperium rund um den Globus erzählt. Bechstein, Bechstein, immer wieder Bechstein. Sie hatten ja zu einigen Zeiten eine immense Personaldecke. Und so habe ich mir das noch mal erträumt. Nach dem Rückkauf von Baldwin hatte ich gedacht, das geht jetzt wieder los. Aber die Weltwirtschaft hat mir mein Denken torpediert. Mein Wunschdenken, meinen Wunschtraum.

Ein Mythos, der so pur formuliert werden kann, ist bereits hinterfragt und logisiert und hat seine sinnvermittelnde Faszinationskraft verloren. Er ist mit den internen Gegebenheiten und Verhaltensanforderungen und mit der Marktsituation, den Zielen und Zukunftserwartungen der Firma C. Bechstein nicht mehr vereinbar.

Bechstein ist ein Unternehmen im Umbruch. Durch den massiven Einschnitt des Ortswechsels und die frühzeitige Pensionierung der alten Mitarbeiter wurden äußere Symbole und die Vermittler der Tradition, der Geschichten, der Rituale, des Sinns eliminiert. Die neu eingestellten jungen Mitarbeiter sind mit der Bechstein-Geschichte nur ganz rudimentär vertraut. Hinzu kommt der veränderte Imageauftritt, der vom „hochherrschaftlichen Flügelhersteller" nichts mehr wissen will.

Der Inhaber, Karl Schulze, findet den Abschied von den „Fertigungsstrukturen und Umgangsformen eines vergangenen Jahrhunderts" unumgänglich, um das Unternehmen an den Markt anzupassen. Dabei musste Abschied genommen werden von Mitarbeitern („Fossilien"), die zu unbeweglich waren. Mitte 1994, so hofft er, sind die alten Strukturen endgültig abgebaut. Bis dahin sei die Belegschaft auf 40 bis 50 Mann reduziert und die neue Fertigungstechnik in Gruppenarbeit löse die Meisterorganisation ab. Dadurch sollen mehr Kreativität, mehr Selbstverantwortung und Zugehörigkeitsgefühl bei der Belegschaft entstehen.

<u>Schulze</u>: *Wenn die Mitarbeiter die Gesamtverantwortung für das Endprodukt tragen, entsteht ein anderes Erlebnisgefühl: Ein Flügel ist dann wie ein Kind, das man aufwachsen gesehen hat.*

Die Produktphilosophie soll abrücken vom elitären Nobelimage, aber das Attribut „erstklassig" wird beibehalten. „Bechstein bleibt Bechstein: Die Tradition des Hauses wird als Leitfaden im Hintergrund weitergepflegt." Die Neuauflage der Firmenchronik wird dies ausdrücken: Die Gründerpersönlichkeit Carl Bechstein wird in den Vordergrund gestellt „als Sinnbild dafür, was man auf die Beine stellen kann". Mit seiner Schaffenszeit sollen sich die Mitarbeiter identifizieren: „Sie sollen dem alten Herrn in die Augen gucken können" und beweisen, dass sie genauso fähig und verantwortlich wie er Qualität, Kreativität und Marktbewusstsein miteinander verbinden können.

In die mythischen Grundannahmen der Mitarbeiter ist diese Neuorientierung bisher nicht eingeflossen. Die Marktsituation für Klavier- und Flügelhersteller, die vergangenen und bevorstehenden Entlassungen und die zurückgehenden Produktionszahlen der Firma Bechstein haben eine gedämpfte Zukunftserwartung zur Folge.

> Mohler: *Also wenn ich den Markt betrachte, wird mir manchmal ein bisschen angst, ob das, was wir bauen, überhaupt noch gefragt ist. Ich gehe davon aus, dass sich das hochpreisige, edle Segment noch weiter reduziert und dass wir mal eine Randgruppe werden, wie das Häufchen von Harfenbauern. Aber in die Breite, in die Serie, geht das nicht mehr. Es wird in diesem Jahr in der Branche einige vom Platz fegen. In 50 Jahren wird der Klavier- und Flügelbau ein ganz kleiner Markt sein, der nach traditionellen Mustern baut. Das sind dann nur ein paar Spinner und Spinnerkunden, die sich das leisten können und leisten wollen.*

Die Firma Bechstein hat durch symbolische Aktionen wie den Umzug und den Abschied von seinen entscheidenden Kulturträgern einen gewachsenen Firmenmythos aufgelöst, der die Handlungs- und Zukunftsorientierung der Mitarbeiter getragen hat. Die Mythodynamik hat ihre fundierende Funktion verloren: Sie relativiert die Gegenwart und stellt sie infrage, die Vergangenheit erscheint als Utopie.

2009: Die Dachmarke C. Bechstein

Karl Schulze hat die Firma C. Bechstein erfolgreich durch die wirtschaftliche Krise gesteuert. 1996 wird das Unternehmen in eine Aktiengesellschaft umgewandelt und international ausgerichtet. Mit Verkaufszentren in China, Australien, Japan, Südkorea, New York und den Niederlanden sowie neun Dependancen in Deutschland ist der Vertrieb gut aufgestellt. C. Bechstein erwirtschaftete 2006 mit weltweit 600 Mitarbeitern einen Umsatz von knapp 30 Mio. Euro. Der Marktanteil in Deutschland hat in den letzten zwanzig Jahren von 3 auf 30 Prozent zugelegt und liegt knapp hinter dem von Yamaha.

Seinen offiziellen Hauptsitz hat die C. Bechstein Pianoforte AG nach wie vor in Berlin. Im Stilwerk, dem „Kaufhaus für Einrichtung, Design und Lifestyle" in der Charlottenburger Kantstraße, befinden sich auf drei Etagen eine großzügige Verkaufsausstellung und die Verwaltung. Mehr ist hier von der ehemaligen Berliner Manufaktur nicht zu sehen. Die Produktion der Bechstein-Klaviere wurde ausgelagert: zu je einem Drittel nach Sachsen, nach Tschechien und nach Asien.

Der Name „C. Bechstein" steht nicht mehr für den edlen Hoflieferanten, sondern ist auf dem Weg zu einer modernen Dachmarke, die ein breites Marktsegment bedient. Der Billig-Konkurrenz aus Fernost und Osteuropa wollte Schulze nicht den Markt überlassen – lieber kooperiert er mit ihr. In den Bechstein-Flagstores kann der Kunde wählen zwischen einem echten Bechstein-Klavier der Spitzen- und Oberklasse zu einem moderaten Preis, Untermarken des mittleren Segments, die unter den Namen „Zimmermann" und „W. Hoffmann" laufen, und preiswerten Produktionen aus China und Südkorea.

Die Kooperation mit China ermöglicht zum einen Preiseinsparungen beim Innenleben: Selbst im Edel-Flügel wirkt chinesische Mechanik. Zum anderen eröffnet die Zusammenarbeit gute Aussichten, in den nächsten Jahrzehnten einen Riesenmarkt zu bedienen. Ein Mythos wie „C. Bechstein" ist in Asien ein überzeugender Wettbewerbsvorteil.

In der 1994 übernommenen ehemaligen VEB Sächsische Pianofabrik Sachsen in Seifhennersdorf werden die Bechstein-Pianos und das Bechstein-Spitzenprodukt, der Flügel, hergestellt und hinter der nahe gelegenen tschechischen Grenze, wo auch die Marken Hoffmann und Zimmermann gebaut werden, werden sie lackiert.

Von den Berliner Klavierbauern wollte keiner nach Sachsen mitkommen. Über ihr „mangelndes Engagement" ärgert sich Karl Schulze noch heute. Mangelndes Engagement?

Die Belegschaft hatte das Vertrauen in die Leitung verloren.

<u>Klavierbauer:</u> *„Wir fühlten uns verschaukelt, denn die Pläne, die Produktion zu verlagern, lagen wohl schon kurz nach der Maueröffnung in der Schublade."*

„Wir wollten gern unsere Überzeugungen weitergeben, aber wir hatten keinen Einfluss mehr."

Der Riss zwischen Tradition und Neuzeit führte zum Eklat, als die Klavierbauer technische Verbesserungsvorschläge für den Konzertflügel machten.

„Bechstein hat sich auch technisch von seiner Tradition verabschiedet."

Oftmals wird der richtige Zeitpunkt verpasst – oder es fehlt die integrierende Führungskraft – um sich gemeinsam, in gegenseitigem Vertrauen, in Achtung und Einvernehmen neu auszurichten und umzustrukturieren.

Bei der Bechstein-Leitung lag es nicht auf der Ziellinie, die Tradition zu erhalten, weder bei der Klaviertechnik noch in der Belegschaft. Mit seiner Breitband-Strategie hat Karl Schulze Bechsteins Marktstellung in einem schrumpfenden Markt nicht nur behauptet, sondern sogar ausgebaut. Die Strategie, das Image der Marke Bechstein auch auf das mittlere und untere Segment zu transferieren und so ein breites Marktsegment zu bedienen, scheint aufzugehen. Die Marke mit Tradition transferiert Vertrauen in die Qualität – und erleichtert dem Kunden die Auswahl auf einem unübersichtlich gewordenen, globalen Marktplatz.

Die Geschichten vom Gründer und seinen Söhnen, von der alten Fabrik und den verruchten Meistern in Berlin – sie werden in Seifhennersdorf heute wahrscheinlich nicht mehr erzählt. Ein Interview mit der heutigen Belegschaft war nicht erwünscht. Dabei wäre es doch sehr interessant gewesen, was das Denken und Handeln der Mitarbeiter dort heute ausrichtet und inspiriert. Ein Dokumentarfilm, der 2008 beim WDR entstanden ist, zeigt in der sächsischen Pianofabrik Mitarbeiter, die sich Mut damit machen, dass ihr hohes Qualitätsniveau bei der Herstellung der Flügel so schnell nicht von den Chinesen eingeholt werden kann.

Homepage C. Bechstein

Der Marken-Mythos Bechstein lag während der Krisenjahre „auf Eis", wie der Werbeauftritt deutlich belegt. Auf der neuen, in Gold und Blau gehaltenenen Homepage „beschwört" die Pianoforte Fabrik wieder einige Facetten ihres Mythos: Die Gründerpersönlichkeit, die Klavierbaukunst einer deutschen Manufaktur, der besondere Klang, das innovative Unternehmen. Bechstein präsentiert sich als eine moderne Mythos-Marke.

Verantwortlich für diesen überzeugenden Auftritt ist die Marketingleiterin, Pianistin und Ehefrau von Karl Schulze: Berenice Küpper. Als sie 1993 ins Unternehmen kam, war sie „sofort vom Bechstein-Mythos infiziert". Stück für Stück hat sie den eingefrorenen Mythos wieder aufgetaut und für den Unternehmensauftritt reanimiert. Das Logo ist zwar reduziert, doch die kleine Krone über dem Namenszug verweist seit sechs Jahren wieder auf die Wurzeln im vorletzten Jahrhundert.

Und das ist der unschätzbare Wert einer Mythos-Marke: Sie ist im Gewebe der Kultur durch Erlebnisse, Assoziationen und Symbole so vielfältig verknüpft und verankert, dass sie auch nach Irrungen und Auszeit wieder ihren vorgeformten Platz einnehmen kann. Für den Kunden hat das Bechstein-Logo immer noch magische Überzeugungskraft. Inhaber Karl Schulze schätzt heute seine Marke als Ressource, die das Unternehmen über die Krise hinweg getragen hat: „Einem Mythos verpflichtet zu sein, ist eine hohe Ehre, ein großer Anspruch, kann aber auch ein großes Problem sein. Denn den Mythos muss man nicht nur lebendig halten, sondern auch dafür sorgen, dass er sich weiter entwickelt."

Partizipation oder Kannibalisierung?

Der Mythos des Hoflieferanten C. Bechstein, dessen Geschichte 155 Jahre zurück in die Vergangenheit reicht, wurde zur Mythos-Dachmarke weiterentwickelt. Er wird jedoch nicht mehr von der Gegenwart genährt, er zehrt von der Vergangenheit. Das Breitband-Konzept mit Imagetransfer von oben nach unten lebt von der überzeugenden Aufladung des Mythos C. Bechstein. Er ist das Herz bei der Positionierung der Dachmarke. Wenn sein Glanz nachlässt, besteht die in der Markenführung bekannte Gefahr der „Kannibalisierung": Die Käufer der Premiummarke springen ab, weil ihnen der Exklusiv-Charakter fehlt. Sie gehen zu Steinway oder Bösendorfer. Und wer sparen will, kauft ein No-Name-Instrument, das von Steinway unter einem anderem Label verkauft wird, um ihrer exklusiven Marke nicht zu schaden. Oder er geht zu Bechstein.

In diesem Spannungsfeld zwischen Kannibalisierung und Partizipation wird sich die Bechstein-Markenführung beweisen müssen. Geht sie von der Grundannahme aus, dass ihr Mythos ein resistentes Eigenleben führt? Sieht sie in ihrem Mythos eine unsterbliche betriebswirtschaftliche Größe? Ein Blick in die Blogsphäre bei „vioworld-klassik.de" zeigt, wie groß die Gefahr für einen Mythos ist, im Zeitalter der Blogs und Wikis zum „Mythos" zu werden:

Autor	Beiträge
Willwissen *nicht* *registriert* 20.07.2005 08:32:04	Hallo, kann mir mal jemand sagen welche Instrumente der Firma Bechstein wo gemacht werden? Welche kommen aus China, Tschechien, Korea? Werden noch welche in Deutschland gemacht?

2009: Die Dachmarke C. Bechstein

pianoman
nicht registriert

20.07.2005
08:40:07

Man sollte mal bemerken das die Bechstein Fabrik direkt an der polnischen Grenze liegt. Morgens kommen die europäischen Mitglieder aus Polen herüber und bauen fein Bechstein Klaviere. Mit Bauteilen aus Tschechien. Euterpe und Bechstein Akademie kommen aus Korea. Hoffmann und Zimmermann kommen dann von da, wo diese am günstigsten herzustellen sind. Vom alten Glanz ist da nicht mehr viel übrig. Berlin???

Stephan
nicht registriert

23.07.2005
10:18:10

Das wüsste ich auch gerne. Ich glaube zu wissen:

Bechstein – Seifhennersdorf Deutschland
Zimmermann – Seifhennersdorf (zumindest zum Teil)
Euterpe – China
Hoffmann – Tschechien
Samick – China Korea

Kann sich aber immer mal ändern.

HeneW
nicht registriert

23.07.2005
16:41:54

Habe heute Morgen in einem Klaviergeschäft zufällig ein Zimmermann ausprobiert und war ziemlich begeistert. Der Geschäftsinhaber erklärte, die Instrumente würden in Ostdeutschland fabriziert, und zeigte mir sogar Fotos von seinem kürzlichen Werksbesuch ...

GregorS
nicht registriert

23.07.2005
18:56:14

Ich war heute Morgen ganz zufällig in einem Klavierladen und hab dort ein Zimmermann Klavier gespielt. Es war total zäh in der Spielart. Die Bässe waren total dünn und die Höhen klangen völlig hölzern. Das Klavier war total schlecht verarbeitet.

Schade, werde wohl lieber ein Schimmel Klavier kaufen ...

Ein Mythos entwickelt seine Strahlkraft von innen heraus. Damit er lebendig bleibt, muss er gepflegt und immer wieder neu interpretiert werden.

Dann gelingt auch langfristig eine Unternehmenskommunikation, die vom Mitarbeiter über das Produkt bis hin zum Webauftritt Überzeugungskraft und Vertrauen generiert.

Aber vielleicht geht es ja auch andersherum: Vielleicht entfaltet der Bechstein-Mythos von der Homepage aus seine mythodynamische Wirkkraft. Vielleicht verpflichtet seine virtuelle Präsenz im „www" die Unternehmensleitung schließlich dazu, die notwendige Interpretationsleistung auch in der Werkstatt und in der Mitarbeiterführung einzulösen. Dann hätten wir es mit einer neuen Art von Mythos-Spirale zu tun: der Homepage als „Selffulfilling Prophecy".

Würth – Mit Calvin, Kunst und Küng zum Global Player

Auf die Würth-Gruppe, Marktführer im Handel mit Montage- und Befestigungsmaterial, wurde ich durch ein Zitat des Inhabers Reinhold Würth aufmerksam:

> *Wir sollten (...) „Self-Fulfilling-Prophecies" in ihrer Bedeutung für die Unternehmensführung nicht unterschätzen. Sehr schnell nehmen die Mitarbeiter auch ehrgeizige Zielsetzungen auf, solange sie noch plausibel erscheinen, und richten ihr Vertrauen oft unbewusst auf die Erreichung der Vorgaben ein.*

Mit den Themen „Wachstum" und „Verkaufen" hat das Unternehmen eine klare strategische Ausrichtung. 1993 erzielte Würth einen Umsatz von 1,6 Milliarden Euro. Die Vision für das Jahr 2000 war ein damals als utopisch eingeschätzter Umsatz von 5,1 Milliarden Euro mit 30.000 Mitarbeitern – und wurde erreicht.

Das Unternehmen befindet sich zu 100 Prozent in Familienbesitz. Zum Zeitpunkt der Untersuchung wurde die Geschäftspolitik bestimmt von der „Konzern-Führungskonferenz", zu der sieben Manager gehörten. 30 Jahre lang gab es im Topmanagement keinen Wechsel. Wie ist es dem Unternehmen Würth gelungen, über mehr als ein halbes Jahrhundert hinweg überdurchschnittliche Wachstumsraten zu erzielen? Welche Kommunikationsformen wurden eingesetzt, um die Mitarbeiter auf die immer höher gehängte Meßlatte einzuschwören?

Meine Kontaktaufnahme zum Unternehmen im Herbst 1992 verlief unkompliziert. Reinhold Würth erklärte sich sofort zu einem Interview bereit, „damit bei der Untersuchung nicht irgendein religiöser Quatsch herauskommt". Ich konnte mich während meines dreitägigen Aufenthaltes in der Konzernzentrale frei bewegen, sprach mit Geschäftsführern, Arbeitern, Azubis und Sekretärinnen, sichtete interne und externe Dokumente.

Die Konzernzentrale der Firma Würth liegt im süddeutschen Künzelsau-Gaisbach. Sie umfasst das Vertriebszentrum, die Verwaltung, die Akademie Würth und die Firmenbibliothek.

Die Einfahrt zum Würth-Imperium ist von einem 48 Tonnen schweren, 9 Meter hohen, blau-roten Stahlbogen überspannt. Er ist das erste Indiz für das Gewicht, das die Kunst im Hause Würth einnimmt. Drei weitere Stahlskulpturen und zwei Brunnenanlagen vom selben Künstler, Robert Jacobsen, sind die nächste Überraschung. Sie stehen auf dem weiß geklinkerten Platz vor dem 1991 bezogenen neuen Verwaltungsgebäude, einem futuristischen Gebilde mit weißer Fassade und blauer Verglasung.

Sonnendurchflutet, sehr lebendig und großzügig wirkt das Innere des Verwaltungsgebäudes. Überall Bilder, Skulpturen und Pflanzen. Integriert in diesen Trakt ist ein Konzertsaal, ein Museum für Schrauben und Gewinde, eine offene Kunstgalerie und eine Kantine auf zweiter Ebene. An den Stehtischen mischen sich Besucher und Mitarbeiter. Beim Genuss des kostenlosen Kaffees fällt der Blick auf Dali und Picasso.

Auch in den Büros hängt Kunst, von den Mitarbeitern selbst aus dem Kunstlager ausgesucht. Der hellgraue Teppich ist im ganzen Haus mit dem roten Würth-Logo bedruckt. Ausnahme: das Office des Chefs.

Design hat sich auch durchgesetzt bei der neuen Kantine für die Arbeiter und bei der Würth-Akademie. Vom Dach des zweistöckigen Hauses, das eher wie ein Bungalow anmutet, reckt sich eine in roten Stahl gefasste Glaspyramide gen Himmel. Hinter dem Haus ist ein japanischer Garten mit Teich angelegt. Man spürt: Hier soll Lernen inspirieren und Spaß machen.

„Würth Verwaltungsgebäude" – Verwaltungsgebäude in Künzelsau

Quelle: Würth-Archiv
Galerie und Cafeteria im Verwaltungsgebäude

Der Mythos

Die Gründungsgeschichte

Der Ursprung der Firma Würth ist 1954 die Übernahme der Schraubengroßhandlung Adolf Würth & Co. KG durch den 19-jährigen Reinhold Würth nach dem frühen Tod seines Vaters. Zum Zeitpunkt der Übernahme bestand die Firma aus einem Büro mit Lagerhaus und zwei Mitarbeitern. Einer davon war Reinhold Würth, der zu diesem Zeitpunkt bereits fünf Jahre im Unternehmen arbeitete.

Reinhold Würth hat es geschafft, aus dem kleinen Betrieb innerhalb von 38 Jahren einen internationalen Konzern zu entwickeln.

Eine tabellarische Chronik und eine Abbildung der alten Fabrik, der Keimzelle des Konzerns, fehlen in keinem Geschäftsbericht. Die überzeugendste Vermittlung des Mythos ist jedoch Reinhold Würth selbst.

Der charismatische Chef

Wie beschreibt man Charisma? Ich habe Reinhold Würth während des eineinhalbstündigen Interviews als einen sehr menschlichen, humorvollen und feinsinnigen Mann kennengelernt. In einer Unternehmenskultur, die Begeisterung weckt und Leistung motiviert, sieht er den entscheidenden Wettbewerbsvorteil für sein Unternehmen.

> <u>Würth:</u> *Ich habe immer versucht, mir eine gewissen Weite des Blicks zu erarbeiten. Ich analysiere auch immer wieder mich selbst, ob ich über das Ziel hinausschieße. Ich möchte nicht wie ein Guru herum sauen und irgendwelche Ersatzlehren oder Heilslehren verbreiten. Was ich tue ist, dass ich versuche, in mehrere Richtungen analytisch zu denken. Ich analysiere: Was bedeutet meine Position im Unternehmen, was bedeutet das Unternehmen für mich, was bedeutet das*

Unternehmen für die Öffentlichkeit, was bedeutet die Öffentlichkeit für das Unternehmen, was bedeuten die Mitarbeiter für den Betrieb und umgekehrt, was bedeute ich für die Mitarbeiter und was sie für mich? Wenn man diese Interdependenzen zusammenfügt, kommt man immer wieder auf die Kultur.

Vater Adolf Würth und Reinhold Würth

Reinhold Würth ist eine charismatische Führungspersönlichkeit, die ihre Werte und Ziele direkt auf das Unternehmen überträgt. Ehrlichkeit, Berechenbarkeit, Geradlinigkeit und Zuverlässigkeit sind die Werte, mit denen er seinen Mitarbeitern begegnet und die er als ethisches Prinzip und als „Verhaltenscode" in der Kultur des Unternehmens verankern will. „Ehrlich währt am längsten" und „Wie man in den Wald hineinruft, so schallt es zurück" sind häufig gebrauchte Aphorismen von Reinhold Würth.

> Würth: *Die Kultur ist nichts anderes als die Symbiose aus Zehntausenden, vielleicht Millionen kleiner Sachverhalte, Abläufen, Entscheidungen, Begebenheiten, Unterlassungen, auch von negativen Dingen.*

Reinhold Würth

Er versäumt keine Gelegenheit, seinen Mitarbeitern gegenüber Hochachtung auszudrücken und sich für ihre Leistungen zu bedanken. Die gleiche Hochachtung bringen die Mitarbeiter Würth entgegen:

> Lagerarbeiter: *Er hat sich nicht ins gemachte Nest gesetzt, Hut ab vorm Chef!*

> Lagerarbeiter: *Der Chef ist beliebter als die anderen Herren. Die laufen durch und sagen manchmal gar nichts. Das kennt man vom Chef nicht.*

> Lagerarbeiter: *Ich habe Hochachtung vor dem Mann. Der ist wirklich super. Wenn Sie die Entwicklung sehen, wie er alles aufgebaut hat, sein Vater ist ja früh gestorben. Alle Hochachtung!*

> Azubi: *Die Geschichte ist noch in meinen Ohren. Von seinem Vater, wie es dazu gekommen ist, dass er mit 16 Jahren Verkäufer war und von der Pieke auf alles gelernt hat. Wie er sich vorgearbeitet hat. Das ist ja extrem!*

Durch fast tägliches „Management by wandering around" ist er überdurchschnittlich gut über die Vorgänge in der Künzelsauer Konzernzentrale informiert und in gutem Kontakt mit seinen Mitarbeitern und der „Stimmung" im Unternehmen.

> Sekretärin: *Man hat das Gefühl, auch wenn er nicht im Haus ist, er ist immer da und kriegt alles mit. Wenn irgendwo Probleme sind, weiß er garantiert Bescheid. Weil er hier rumläuft und Vieles an ihn herangetragen wird.*

Alle Mitarbeiter haben die Möglichkeit, telefonisch direkt mit ihm, unter Umgehung des Vorzimmers, in Verbindung zu treten.

> Sekretärin: *Wenn man ein Problem hat, ist das Beste, was man machen kann, direkt zu ihm zu gehen. Es geht dann sehr schnell. Es wird prompt erledigt.*

Seine Wert- und Zielvorstellungen vermittelt Reinhold Würth durch häufige Rundschreiben, die in der für ihn typischen feinsinnigen und humorvollen Umgangssprache abgefasst sind. Auch auf Veranstaltungen und Vorträgen, deren Video- und Tonaufzeichnungen in der Bibliothek auszuleihen sind, vermittelt Würth seine Gedanken zu Unternehmenskultur, zu philosophischen Fragen, zu Führungsverhalten und Mitarbeitermotivation und zu aktuellen Gesellschafts- und Wirtschaftsthemen. Häufig drückt er sich in Bildern, Analogien, Metaphern und Symbolen aus, was das Verständnis und nicht zuletzt den Unterhaltungswert seiner Mitteilungen sehr steigert.

> Sekretärin: *Man merkt, dass er hohe moralische Vorstellungen hat. Er ist ja neuapostolisch. Manchmal frage ich mich, ob er wirklich alles so meint. Aber eigentlich gehe ich davon aus.*

Diese direkte Kommunikation und vorbildliche Präsenz gestaltet die Sinngemeinschaft im Unternehmen sehr effektiv.

Um Reinhold Würth kreisen viele Anekdoten. Hier zwei davon:

> Sekretärin: *Herr Würth ist ja selber Pilot. Es soll irgendwann einmal in Schwäbisch Hall ziemlich nebelig gewesen sein. Herr Würth wollte aber unbedingt starten. Doch sein Pilot hat ihm abgeraten. Aber Reinhold Würth wollte unbedingt starten und hat gesagt: „Gehen Sie mal weg, das mach ich jetzt!" Dann hat er sich hinter seinen Steuerknüppel gesetzt, ist mit der Maschine ein paar Mal vor und zurück gerollt, um den Nebel um sich herum zu vertreiben, und ist gestartet.*

> *Ich meine, dass in dieser Geschichte die energische Art von Reinhold Würth gut zum Ausdruck kommt, dieses: Gehen Sie mal weg, das kann ich alles selber machen! Er ist nicht arrogant, aber ein Mensch, der weiß, was er will.*
>
> *Wenn R. W sagt, der Himmel ist rot, dann ist der Himmel rot. Gegen seine Spontanentscheidungen aus dem Bauch kommt niemand an.*

Reinhold Würth wird bewundert, geliebt, verehrt – aber auch gefürchtet. Der Chef über sich selbst: „Ich schieße ja manchmal übers Ziel hinaus. Aber danach sitzen wir wieder gemeinsam an einem Tisch und reden vernünftig miteinander." Für seine Mitarbeiter ist es nicht immer leicht, sich gegen den Patriarchen durchzusetzen:

> <u>Geschäftsführer:</u> *Wenn man wüsste, woher diese Faszination kommt, diese Ausstrahlung, dann wäre es sicher leichter, damit umzugehen. Es passiert, dass man seine Durchsetzungsfähigkeit ihm gegenüber verliert, allein durch die Art, wie er argumentiert. Ich war manchmal schon sehr wütend darüber, aber ihm gegenüber verfliegt diese Wut sehr schnell.*

Die folgende Geschichte reflektiert eine weitere Charaktereigenschaft von Reinhold Würth:

> <u>Geschäftsführer:</u> *Als wir das neue Verwaltungsgebäude Anfang des Jahres bezogen haben, lag drinnen schon der Teppichboden aus und von draußen wurde ständig der Dreck hereingeschleppt. Über die Fußstapfen auf dem Teppich hat sich Reinhold Würth immer geärgert. Deswegen hat er sich eines Tages einen Besen und eine Schaufel besorgt und vor Aller Augen eigenhändig den Dreck weggekehrt!*

Herr Würth ist durch und durch Perfektionist. Das sieht man bei der Bedeutung, die er der Beantwortung von Kundenwünschen gibt. Ganz schlimm ist es, wenn jemand fünf Minuten zu spät kommt! Denn er selbst ist absolut zuverlässig. Er würde nie ein Wort brechen, das er gegeben hat. Das kann ich selber bestätigen. Es muss ja schließlich auch etwas dran sein, bei diesem Aufstieg, der ja sehr stark durch seine Person ausgerichtet ist!

Die Würth-Ideologie

Die Zielsetzungen, Wertvorstellungen und die für die einzelnen operationalen Bereiche geltenden Einstellungen und Normen der Firma Würth sind lebendig und metaphernreich in einer 1975 entworfenen Firmenphilosophie festgehalten. Die zentralen Themen der Ideologie sind – im Einklang mit dem Gründungsmythos und der Persönlichkeit von Reinhold Würth – Wachstum und Freude an der Leistung.

Wachstum hält jung

Ziel des Unternehmens ist die Erhöhung des Gewinns und weiteres Wachstum durch die Steigerung der Marktanteile. Dies soll erreicht werden durch die Markterschließung im Ausland und Übernahmen von Schraubengroßhandlungen im In- und Ausland. Diese Zielsetzung wird verknüpft mit einer positiven Einstellung zur kapitalistischen Wirtschaftsideologie und mit der Bejahung der Werthaltungen „unternehmerisches Risiko" und „absoluter Förderung" von Innovation und Kreativität (Firmenphilosophie). Die Marketingstrategie ist auf Kundenzufriedenheit durch Qualität und Service ausgerichtet und wird von dem Slogan „Würth – der Montage-Profi" unterstützt.

Durch den Gebrauch von Metaphern schwört Würth die Mitarbeiter auf seine Ziele, Einstellungen und Werte ein:

Die Metapher: „Wachstum ist Jugend"

In Vorträgen und internen Veröffentlichungen beschreibt er das Unternehmen als lebendiges Gebilde, das den Zyklen „Werden – Sein – Vergehen" unterliegt. „Um den Zyklus des Unternehmens, das Schwungrad, über meine Zeit hinaus anzulegen, soll die Phase des Erwachsenseins, des Dümpelns hinausgezögert werden, indem der Zustand der Jugendlichkeit möglichst lange aufrechterhalten wird. Jugendlichkeit heißt Dazulernen, Wachsen, Neues ausprobieren."

Diese Gleichnisse werden verstanden:

> <u>Arbeiter:</u> *Dass der Umsatz steigen muss, hat nichts mit nicht genug kriegen zu tun. Er sagt, eine Firma, die gesund ist, muss wachsen. Geht der Umsatz zurück, ist die Firma krank und geht ein.*

Die Affirmation: „Grow to be great"

Seit 1978 stellt Reinhold Würth Sieben-Jahres-Pläne auf, in denen er exakt seine Umsatzziele festlegt. Die an alle Mitarbeiter bekanntgegebene Vision der angestrebten Verdopplung oder gar Verdreifachung des Gewinns hat er bisher immer exakt oder sogar noch vor dem gesetzten Termin erreicht.

Um die Energien der Mitarbeiter und alle Detailplanungen zu fokussieren, wird für jedes Jahr ein Slogan formuliert.

- „Do the right things right"
- „The value of time"
- „Grow to be great!"
- „Vibrant Curiosity"

Betriebswirt: *Ob der Slogan überall verstanden wird, da bin ich mir nicht so sicher. Aber das Umsatzziel, das kennt jeder, das ist verinnerlicht.*

Leistung macht Spaß

Reinhold Würth geht davon aus, dass für die Generation der Erben Geld als Motivator eine untergeordnete Rolle spielt. Wichtiger ist, dass die Arbeit Spaß macht, darum muss das Image des Unternehmens stimmen.

Das Unternehmen als „Marktplatz der Kommunikation"

Einen Weg zur Verknüpfung der Bereiche Beruf und Freizeit sieht Reinhold Würth in einem kulturellen Angebot durch das Unternehmen. Dadurch wird es den Mitarbeitern ermöglicht, auch ihre Partner und Familien in das Unternehmen miteinzubeziehen. Realisiert wurde dieser Gedanke bisher durch eine Betriebssportgemeinschaft, durch die Kunstgalerie und das Schrauben- und Gewindemuseum, durch die Firmenbibliothek, durch Konzerte, Seminare und Vortragsveranstaltungen in der Akademie Würth.

Sekretärin: *Wenn ich zu Veranstaltungen meinen Freund mitbringe, dann kommt bei mir Stolz auf: Tja, meine Firma! Ich weiß nicht mal, wie der Schreibtisch bei meinem Freund bei Daimler-Benz aussieht. Bei Würth wird der Partner mit einbezogen.*

Durch eine „optimistische, positive, freundliche, sportliche und hobbyhafte Atmosphäre" am Arbeitsplatz soll das Leben der Mitarbeiter bereichert und ein Spirit mit den Attributen „jung, dynamisch, solide, aggressiv, weltoffen und kameradschaftlich" verankert werden (Würth).

Verwaltungsangestellte: *Die Bereitschaft, Überstunden zu machen, ist hier ziemlich groß. Das liegt daran,* dass die Arbeit einfach Spaß macht. Ich finde seinen Gedanken gut, dass Arbeit Spaß machen soll und dass die Atmosphäre entsprechend gestaltet wird. In meinem Büro fühle ich mich so wohl wie zu Hause. Ich gehe morgens gern rein und sitze auch abends gern lange hier.

Management und Personalpolitik

Die Haltung gegenüber dem Mitarbeiter sollte geprägt sein von absolutem gegenseitigem Vertrauen, einer sehr breiten Information der Mitarbeiter und einer umfangreichen Kommunikation mit allen Beschäftigten. Die Fluktuation möglichst niedrig zu halten, ist Aufgabe der Führungskräfte.

Würth: *Hohe Mitarbeiterfluktuation lässt mangelndes Interesse der Geschäftsleitung am Wohlbefinden der Mitarbeiter vermuten und erlaubt erhebliche Zweifel an der Qualifikation des Topmanagements der einzelnen Würth-Gesellschaften.*

Ein Vorgesetzter: *Für die Leute, für die wir uns entschieden haben – und die sich für uns entschieden haben –, tun wir alles, damit sie sich wohl und heimisch fühlen. Nur dann identifizieren sie sich und können die Leistung bringen, die wir erwarten. Jeder Mitarbeiter soll ein guter und wertvoller Mitarbeiter sein. Wenn er dreimal in der Woche krank macht, versuchen wir herauszufinden, wo ihn der Schuh drückt.*

Dieser Führungsstil wird durch die Vermittlung folgender Werthaltungen und Einstellungen umgesetzt:

„An erster Stelle steht der Mensch"

„Nicht nur in Staat und Gesellschaft, sondern auch im Betrieb steht an erster Stelle der Mensch. Bei Entscheidungen im Betrieb ist dem Menschen auf jeden Fall Vorrang vor der Sache einzuräumen." (Firmenphilosophie)

„Bei uns geht es ehrlich zu – alles ist berechenbar"

Die „Grundehrlichkeit" ist für Würth der Code seiner Unternehmenskultur, an dem sich jede Handlung orientieren soll. „Klaffen Aussagen und tatsächliche Meinung der Geschäftsleitung auseinander, dann ist die Glaubwürdigkeit des Managements bei den Mitarbeitern gestört; machen die Mitarbeiter diese Erfahrung mehrmals, ist das Vertrauen nicht nur zerstört, sondern der Zugang zu den Köpfen und Herzen unserer Mitarbeiter blockiert."

„Nur ein informierter Mitarbeiter kann ein guter Mitarbeiter sein"

Nach diesem Motto werden die Visionen und Ziele des Unternehmens für die nächsten zehn Jahre allen Mitarbeitern bekanntgegeben und die Umsatzzahlen regelmäßig veröffentlicht. Der Außendienst wird monatlich mit einem Infobrief über die Unternehmensstrategien auf dem Laufenden gehalten. Die umfassende Information über die Umsatzentwicklung, die Zielsetzung der Firma ist nach Würth wesentlich, um bei den Mitarbeitern ein Wir-Gefühl zu entwickeln. Dazu der Kommentar einer Mitarbeiterin:

> <u>Sekretärin:</u> *Man hat das Gefühl, dass man mehr mitbekommt als in anderen Unternehmen. Weil die Geschäftsleitung ziemlich offen mit ihren Problemen umgeht und sie auch an die Mitarbeiter heranträgt. Es ist sicher nicht üblich, dass man zweimal im Jahr erfährt, was der Umsatz macht. Das finde ich gut.*

Wir wissen alle, wo wir in einem Jahr sein wollen, wo wir in sieben Jahren sein wollen und wie die Perspektiven sind.

„Man lernt nie aus"

Weiterbildung wird bei Würth groß geschrieben. Das Motto „Lebens-Lang Lernen" (LLL) soll signalisieren, dass das heutige Wissen in kürzester Zeit veraltet ist und ständig erneuert werden muss. Lernen heißt, am Evolutionsprozess teilzunehmen. Reinhold Würth sagt: „Wie alles Leben auf dieser Welt, so unterliegt auch das Gebilde Betrieb einem Entwicklungsprozess, einer Evolution. Weiterentwicklung erfordert täglich neues Lernen. Das Unternehmen soll sich als Lerngruppe verstehen und sich die Lernbereitschaft der Jugend bewahren."

Das Angebot der Würth-Akademie ist vor allem auf das Verhalten ausgerichtet: Teamarbeit, Motivation, Kreativitätstechniken, Führungsverhalten, Telefonieren, Stressbewältigung, Lebenstechniken, Planung von Besprechungen usw. Darüber hinaus werden von der Akademie kulturelle Vorträge und Veranstaltung organisiert, an denen auch die Öffentlichkeit teilnehmen kann.

<u>Ein Azubi:</u> *Ich habe hier die Möglichkeit, mich echt viel weiterzubilden und an Seminaren teilzunehmen.*

„Es ist nicht meine Leistung allein"

Mit diesem Satz bezieht Reinhold Würth seine Mitarbeiter in den Erfolg des Unternehmens ein und vermittelt ihnen Dank und Anerkennung. Mitarbeiter, die überdurchschnittlich gute Leistungen bringen, erhalten von Reinhold Würth ein persönliches Dankschreiben. Die Einbeziehung der Familie der

Mitarbeiter in das Unternehmen durch Familientage oder auch durch Dankschreiben an die Ehefrauen sollen gute Auswirkungen auf die Fluktuation gezeigt haben.

> Arbeiter: *Der Chef schätzt jeden Arbeiter, so wie ich ihn persönlich kenne. Er sagt immer wieder: „Ohne die Arbeiter hätte ich das nie geschafft."*

„Kunst setzt Energien frei"

Würth ist von der Motivation seiner Mitarbeiter durch Kunst überzeugt. Kunst im Arbeitsumfeld der Mitarbeiter soll einen kreativen Dialog eröffnen, den Horizont der Mitarbeiter erweitern und ein Identifikationsanreiz sein. Ein Auszug aus dem Geschäftsbericht:

> *Wer Würth begegnet, begegnet auch der Kunst. Weil wir wollen, dass sich alle in unserem Unternehmen daran freuen können. Und weil Kunst nach Auseinandersetzung verlangt. Sie kann provozieren und bestätigen, Widerspruch wecken und inspirieren. Nur eines kann sie nicht: den Betrachter unberührt lassen. Kunst hat immer etwas Visionäres in sich: Vision des Künstlers. Sie regt zu visionärem Denken an, setzt Energien frei. Energien, die wir brauchen zur Gestaltung unserer Zukunft.*

Zur Zeit meines Firmenbesuchs zeigte die Galerie eine Ausstellung abstrakter Bilder und Skulpturen von Lenk, Glöckner, Geiger und anderen. Die fast durchgängige Reaktion der Mitarbeiter darauf war ein tolerantes

> *... das ist moderne Kunst, das versteht nicht jeder.*

Ignoriert wird die Kunst aber nicht:

> Arbeiter: *Viel verstehen tu' ich nicht davon, aber es sieht gut aus. Sonntags war ich mal mit meiner Schwester und meinem Schwager da, und wir haben in der Galerie einen Kaffee getrunken. Ist schon sehenswert.*

Auch die Gestaltung des Geländes um die Würth-Akademie und die Architektur des Verwaltungsgebäudes werden von den Mitarbeitern als Kunst empfunden:

> Abteilungsleiter: *Der Teich, die Wasserfälle, die Fische darin – das gefällt mir. Und das Museum spricht mich an. Toll, dass hier Geld investiert wird, zum Wohle aller Beschäftigten und der Öffentlichkeit.*

> Azubi: *Es ist nobel hier. Man ist auf Niveau bedacht, das sieht man am Museum und an der Galerie. Oder in der Idee, ein Verwaltungsgebäude zu bauen, das künstlerisch gut dasteht. Und die Verwebung von Kunst und Arbeit. Das bringt für den Mitarbeiter das Gefühl, er ist was wert.*

Motivationspakete

„Die Motivation von Mitarbeitern gleicht der Aufzucht einer kostbaren Mimose oder Orchidee" (Würth). Ergänzend zu den „basics" versuchen die Vorgesetzten, die Motivatoren für jeden Mitarbeiter herauszufinden, damit individuelle „Motivationspakete" geschnürt werden können. Ein berechenbares Erfolgssystem soll jedem vermitteln, „dass er keinen Kratzfuß vor seinem Vorgesetzten machen muss". Ein Mitarbeiter: „Wie weit hier jemand kommt, bestimmt er selber."

„Das Management ist eine verschworene Gemeinschaft"

Die Motivation des Managements zielt auf den Aufbau und die Pflege des „Familiengeistes", wie schon der Sprachgebrauch „Würth-Gruppe" bezeichnet. Das Gemeinschaftsgefühl und die Identifikation mit der Firma werden entscheidend durch zwei jährlich stattfindende Rituale, die Geschäftsführerkonferenzen, gepflegt. Zur fünf Wochen dauernden „Commitmentkonferenz" im Herbst reisen alle Manager der Auslandsgesellschaften zu jeweils dreitägigen Arbeitssitzungen an, um gemeinsam mit der Konzernzentrale die Leitlinien für das kommende Jahr festzulegen.

Auf der „Jubelkonferenz" beziehungsweise „Frühjahrskonferenz" werden die Erfolge des vergangenen Jahres vom Topmanagement gemeinsam mit den Ehepartnern eine Woche lang bejubelt und gefeiert.

Das Opening mit Musik, Dia-Show und kulturellem Rahmenprogramm spricht gezielt die Emotionen an. Vorträge von Zukunftsforschern und Philosophen sorgen für die ethische „Erbauung". Darüber hinaus werden mit rituellen Ehrungen und Preisverleihungen die besten und innovativsten Gesellschaften gewürdigt.

Ballonfahrten, Wildwasserfahrten und ein Aktionstag schaffen den Rahmen für gemeinsame Erlebnisse und zum Kennenlernen. Einmal wurde der Slogan „Discover the Vision" beispielsweise mit dem gemeinsamen Bau eines Holzbootes umgesetzt, das schließlich auch fahrtüchtig war. Dazu wurden Gruppen mit Mitarbeitern aus aller Welt zusammengestellt. „Wir haben einen Riesenspaß gehabt dabei, sogar Segel und Ruder haben wir selbst geschnitzt!" Wir sitzen alle in einem Boot – symbolischer geht es kaum.

„Der Außendienst ist das Fundament"

Die Würth-Ehrennadel: die höchste Auszeichnung für Außendienstmitarbeiter des Konzerns (hier in der Ausführung mit einem Brillanten)

Die Hälfte der Würth-Mitarbeiter arbeitet im Außendienst. Die Erreichung der Umsatzziele hängt in erster Linie von ihrer Effizienz ab; sie werden verglichen mit den „Fundamenten und Pfeilern eines Brückenbauwerks". Das Kapitel Außendienst in der Firmenphilosophie fängt an mit den Worten „Mein beruflicher Werdegang begann im Verkauf". Dies ist die einzige Stelle, wo Reinhold Würth in der ersten Person spricht. Durch die Betonung seiner Karriere als Verkäufer im Außendienst gibt Reinhold Würth seinen Außendienstmitarbeitern die Gelegenheit, sich mit seiner „Heldenreise" zu identifizieren.

Neben ideologischer Unterstützung und gründlicher Ausbildung wird die Motivation des Außendienstes durch ein ausgeklügeltes System aus materiellen und symbolischen Leistungsanreizen gefördert.

Das Auto verrät den Umsatz. Neben diesem sozialen Statussymbol existiert ein internes Symbolsystem. Die Würth-Ehrennadel wird in sechs Fassungen – von der silbernen Ausführung bis hin zur goldenen Nadel mit vier Brillanten vergeben. Die Spitzenverkäufer finden sich außerdem im Erfolgsclub – oder im Top-Club wieder und gehen gemeinsam mit Ehefrau auf Incentive-Reise in die Karibik. Dieses System baut gezielt eine interne Rangordnung auf und fördert den Wettbewerb.

„Für den Innendienst ist der Kunde König"

Dieses Motto gilt immer. Jede Kundenbeschwerde muss innerhalb von zwei Tagen beantwortet werden. Für jeden Innendienstbereich lässt sich eine Handlungsmaxime ausmachen:

- *Öffentlichkeitsarbeit:* „Würth ist besser, Würth ist qualitativ hochwertiger, Würth erreicht mich schneller."
- *Buchhaltung und Finanzen:* „Der Konzern ist ein sich schnell fortbewegendes Luftfahrzeug, dessen Standort durch die Buchhaltung (Navigator) jederzeit ablesbar sein muss."
- *Einkauf:* „Im Einkauf liegt der Gewinn. Hart aber fair."
- *Verkauf Innendienst:* „Straffe Führung, schnelles Handeln, jede Minute ist kostbar."
- *Elektronische Datenverarbeitung:* „Schnell, sorgfältig, kostenbewusst."
- *Lager:* „Sofortige Auslieferung, noch am gleichen Tag. Jeder Lagerarbeiter erhält zusätzlich zu seinem Gehalt einen Bonus, wenn das gemeinsame Leistungssoll erfüllt wurde."

> Lagerarbeiter: *Jeder, aber jeder, kriegt den Bonus, wenn die Leistung durchgebracht wird. Das macht kein anderer Betrieb. Da guckt jeder, dass wir da drauf kommen, denn Geld ist Geld.*

Die Schraube als mythisches Produkt

Die Schraube ist der Schwerpunkt im Würth-Programm. Es lassen sich Ansätze erkennen, diesen profanen Artikel systematisch zu einem mythischen Produkt aufzuwerten. Ein Textauszug aus dem Würth-Buch:

> *Archimedes ließ schon im 3. Jahrhundert vor Christus das Nilwasser mit der nach ihm benannten Schraube bergauf treiben. Wenige Kaufleute und wenige heutige Betriebe bieten Produkte mit solch langer historischer Tradition.*

Die Schraube als Kulturträger, so Würth, sei völlig unterschätzt, obwohl „ohne Schrauben und Gewinde die gesamte Welt innerhalb weniger Minuten kollabieren würde". Folgerichtig zeigt das Museum für Schrauben und Gewinde in Künzelsau die Bedeutung des Artikels für die Entwicklung der Technik. Eine Holografie verdeutlicht die Ästhetik der Schraube, und schließlich wird auch nicht versäumt, auf ihr Vorkommen in der Natur aufmerksam zu machen. Unsere DNS ist gewindeartig angelegt, und das Wasser bewegt sich gewindeartig durch den Badewannenausguss. Würths Produktphilosophie lautet:

> *Die Schraube, so klein sie vergleichsweise sein mag, ist in Wahrheit ein Grundelement unserer Zivilisation. Ohne die Erfindung der Schraube wäre die Entwick-*

lung der Technik nicht möglich gewesen. Ohne Schrauben würde in unserer hoch technisierten Welt nichts funktionieren. Kurzum: Ohne Schrauben geht gar nichts. Diese Unentbehrlichkeit ist es, die unseren Markt für die Zukunft sichert. Unser Ziel muss es sein, uns diesen Markt immer weiter zu erschließen.

Bei der Verleihung des Deutschen Marketingpreises präsentierte sich die Firma Würth mit einem Schraubenballett.

Fazit

Der calvinistisch geprägte Arbeitsethos ist als Hintergrund der Würth-Ideologie leicht zu identifizieren: Wachstum und Leistung verbinden sich mit den ethischen Grundwerten Ehrlichkeit, Zuverlässigkeit und Berechenbarkeit zu einem tragfähigen Begründungszusammenhang. Die Firmenchronik zeigt die Verknüpfung von enormer Leistungsbereitschaft, dem „Wuchern mit Talenten", mit der Bescheidenheit und Sparsamkeit der Gründungsjahre auf. Auch die neuapostolische Glaubensorientierung von Reinhold Würth wird von den Mitarbeitern als Hintergrund für sein unternehmerisches Verhalten und seine Glaubwürdigkeit angeführt.

Reinhold Würth hat die Grundwerte seiner Erfolgssaga direkt auf das Unternehmen übertragen. Wie entsteht Charisma? Wer seine Werte 1 : 1 lebt, generiert Energie. Durch sein Charisma und seine Fähigkeit, geistige Vorstellungsbilder zu wecken, erreicht er die Gefühle und Ideale – die mythische Bewusstseinsschicht – seiner Mitarbeiter und beflügelt sie zu Höchstleistungen.

Das Konzept „Kunst setzt Energien frei" geht auf, weil es von Reinhold Würths Begeisterung für die Kunst getragen wird. Durch Ausstellungen, Kunst in den Büros, durch Konzerte und Lesungen drückt Würth seine Hochschätzung gegenüber seinen Mitarbeitern aus – und erntet ihre Hochschätzung, die sich auch auf die Kunst überträgt. Aus dieser emotionalen und ethischen Aufladung heraus entsteht Identifikation und Einsatz für das Unternehmen. Ein Nährboden, auf dem sogar eine Herausforderung wie ein großes, gemeinsames Umsatzziel zur „Self-Fulfilling-Prophecy" gelingt.

Die Kulturstärkende Wirkung der Mythos-Analyse hat Reinhold Würth sofort erkannt und als Privatdruck an alle Mitarbeiterinnen und Mitarbeiter des Unternehmens verteilt.

2009: Die Konzernzentrale zieht in die Schweiz – Reinhold Würth nach Österreich

Die Würth-Gruppe hat sich zu einem global agierenden Konzern entwickelt. 2008 erreichte Würth mit 63.000 Mitarbeitern in 86 Ländern einen Jahresumsatz von 8,8 Milliarden Euro.

Im gleichen Jahr gab es Schlagzeilen wegen einer „Steuer mindernden Kostenverrechnung". Der Strafbefehl gegen Reinhold Würth wurde durch eine Geldzahlung beigelegt. Aber Reinhold Würth, der sich schon mehrfach kritisch über deutsche Steuergesetze geäußert hatte, ist verärgert. Die Konsequenzen aus dem Skandal sind noch nicht absehbar: Seit Anfang 2009 wird das gesamte Auslandsgeschäft des Unternehmens nicht mehr von der Zentrale in Künzelsau gesteuert; die Konzernführung ist umgezogen und trifft ihre Entscheidungen in der Schweiz.

Der Stammsitz in Künzelsau wird in Zukunft nur noch für das Inlandsgeschäft zuständig sein, ein Erweiterungsbau für 300 neue Arbeitsplätze und der Bau einer neuen Kultur- und Kongresshalle wurden vorerst verschoben. Von der Schweiz aus gesehen ist auch Deutschland Ausland. Ist Würth noch ein deutsches Unternehmen?

Würths „Abwanderung" kam für die Mitarbeiter und für die Region überraschend. Ihr Unmut richtet sich allerdings weniger gegen Reinhold Würth als gegen die Steuerpolitik. Sein Weggang wird von vielen als „Retourkutsche" für den unwürdigen Umgang mit dem verdienten Unternehmer und Mäzen verstanden.

Mit Calvin, Kunst und Küng zum Global Player

Fast zwei Drittel seines Umsatzes erwirtschaftet die Würth-Gruppe inzwischen im Ausland. Kulturell hat sich das Unternehmen an mehr „Diversity" angepasst. Der calvinistische Arbeitsethos eignete sich wenig für die Integration des asiatischen und arabischen Wirtschaftsraums. Mit dem „Weltethos"-Konzept des Religionswissenschaftlers Hans Küng gelingt die Verknüpfung unterschiedlicher kultureller Haltungen jedoch mühelos. Ziel des Weltethos-Konzepts ist „der Grundkonsens verbindlicher Werte, unverrückbarer Maßstäbe und persönlicher Grundhaltungen". Die Würth-Gruppe hat mit ihm einen starken ethischen Kristallisationspunkt hinzugewonnen.

1994 schied Reinhold Würth aus der operativen Geschäftsleitung aus und übernahm den Beiratsvorsitz der Würth-Gruppe. Der heutigen Führungsmannschaft steht die Tochter Bettina Würth als Beiratsvorsitzende und Robert Friedmann als Sprecher der Konzernführung vor. Reinhold Würth fungiert als Ehrenvorsitzender des Beirats und bleibt Vorsitzender des Stiftungsaufsichtsrats. Das Zepter hält er noch immer fest in der Hand.

Neben seiner beruflichen Höchstleistung hat Reinhold Würth eine bedeutende Kunstsammlung und viele Dependancen geschaffen. Zu der 2001 eröffneten Kunsthalle in Schwäbisch Hall ist ein Museum für die Fürstenberg-Sammlung hinzugekommen. Das Konzept, Kunstausstellungen, Lesungen und Konzerte in die Verwaltungsgebäude zu integrieren, wurde auf neun Auslandsgesellschaften übertragen. So gelingt es, Mitarbeiter und Besucher gleichzeitig anzusprechen und das Unternehmen als Erlebnisraum erfahrbar zu machen.

Prof. Dr. h.c. mult. Reinhold Würth wurde in den letzten Jahren vielfach geehrt und ausgezeichnet. Er ist u. a. Ehrendoktor und Ehrensenator der Universität Tübingen, Träger des Großen Verdienstkreuzes des Verdienstordens der Bundesrepublik Deutschland sowie der Wirtschafts- und Verdienstmedaille des Landes Baden-Württemberg. Bis 2003 leitete er das Institut für Entrepreneurship an der Universität Karlsruhe.

Vater/Tochter – König/Königin

Ein Unternehmen, das so stark von einem charismatischen Gründer geprägt ist wie die Würth-Gruppe, steht oft vor erheblichen Übergabe-Problemen. Charisma ist nicht einfach zu ersetzen und die Mitarbeiter stellen sich nur widerstrebend auf das Management durch eine Aktiengesellschaft ein.

Bei Würth scheint dieser Schritt zu gelingen. Bettina Würth, Jahrgang 1961, brach die Schule ab und ging eigene Wege, bevor sie mit 23 als Lehrling in das väterliche Unternehmen einstieg, und so den Würth-Organismus „von der Pike auf" kennen lernte. Seit 2006 ist die vierfache Mutter Vorsitzende des obersten Kontrollgremiums der Würth-Gruppe.

Bettina Würth und Reinhold Würth

Unbeschwert ist ihre Position zwischen dem Übervater und den Managern der Würth-Gruppe nicht. Aber man sagt Bettina Würth Eigenschaften nach, die zuversichtlich stimmen: Sie hat eigene Vorstellungen, kann sehr gut motivieren, beharrlich und zäh soll sie sein, sehr locker und kooperativ. Und sie liebt den Austausch, das Gespräch. Dabei ist sie „tough und kann Probleme engagiert anpacken". Seit sie dabei ist, geht es weniger formell zu, wird im Führungsgremium mehr diskutiert. Und unter vier Augen bietet sie dem Patriarchen schon auch mal die Stirn.

Auf das solide Fundament der vorhandenen Kultur baut Bettina Würth auf. Vertrieb, Leistung, Wachstum und neue Geschäftsfelder treiben auch sie um.

Neben ihren strategischen und beratenden Aufgaben liegt ihr die Nachwuchsförderung und Teamorientierung besonders am Herzen. Aus dem Anliegen heraus, Kinder zu selbständigem Denken und Handeln zu ermutigen, gründete sie 2006 eine freie Schule in Künzelsau, die einmal 700 Kinder unterrichten soll. Motto: „Jeder soll die Schule als Gewinner verlassen."

Diese kleine Skizze von Bettina Würth lässt bereits ihr charismatisches Potenzial als mythische Heldin erahnen: Wie der Vater geht sie nicht den akademischen Weg, sondern lernt das Unternehmen von Grund auf als Auszubildende kennen. Die „abtrünnige" Tochter kehrt zurück und bietet dem starken Vater die Stirn. Die vierfache Mutter behauptet sich mit einem „weiblichen Führungsstil" an der Konzernspitze. In ihrem Engagement für eine freie Schule werden glaubwürdig Aspekte ihrer Persönlichkeit erfahrbar. Sie hat damit ein zentrales Thema, das die Menschen direkt berührt.

Die anfängliche Skepsis gegenüber der neuen Chefin war schnell verflogen. Bettina Würth hat das Vertrauen der Mitarbeiter. „Man traut ihr zu, dass sie es kann."

Der Vater übergibt das Zepter an die Tochter, der „Schrauben"-König an die „Schrauben"-Königin. Sie hat die Schweizer Staatsbürgerschaft und er bemüht sich um die österreichische. Die Zukunft sieht gut aus – für das Unternehmen.

Springer & Jacoby –
Der Magic-Mix-Mythos

SPRINGER & JACOBY

Eine Werbeagentur lebt von der Kreativität ihrer Mitarbeiter. Und Kreativität entsteht durch die fließende Zusammenarbeit zwischen dem „wilden Denken" der analogen, bildhaften, intuitiven Arbeitsweise der mythischen Bewusstseinsschicht und den strukturierten, zielgerichteten Fähigkeiten des logische Denkens die stärker in der linken Hemisphäre lokalisiert sind.

Lange Jahre behauptete die Werbeagentur Springer & Jacoby den Spitzenplatz in der deutschen Agenturszene. Als das nachfolgende Portrait entstand, zählten die vielfach mit Preisen ausgezeichneten Spots und Anzeigen der Hamburger Kreativen zur Quintessenz der deutschsprachigen Werbewelt.

Die häufigste Assoziation von Branchenkollegen zu Springer & Jacoby lautete: „Das ist doch eine Sekte!" Von einem Grundgesetz, auf das alle eingeschworen sind, war die Rede und von einem Arbeitstempo, das kein normaler Mensch durchhält.

Das Agentur-Portrait entstand 1993, in einer Zeit, die heute als die „goldenen Neunziger" bezeichnet wird: Es wurde viel gearbeitet, wild gefeiert und reich belohnt, z. B. mit Ferienaufenthalten in agentureigenen Domizilen.

Seit die Agentur 1979 durch Reinhard Springer gegründet wurde, war sie auf 264 Mitarbeiter angewachsen und machte mit Kunden wie Mercedes-Benz, Bacardi, Miele, Panasonic, Reemtsma, Postbank, Tui, Appollinaris und DeTeMobil einen Umsatz von fast 200 Millionen Euro.

Als sehr erfolgreich erweist sich der innere Aufbau der Agentur: Sie besteht aus sieben eigenständig geführten GmbHs, sogenannten „Units", die gemeinsam die zentralen Serviceeinheiten, wie Mediaplanung und Produktion, nutzen. Dadurch wurde die Agentur von vornherein nicht als „unbewegliches Schlachtschiff", sondern als „mobiler, schlagkräftiger Kreuzerverband" aufgebaut und hat sich trotz ihrer Größe eine flache Hierarchie und Flexibilität bewahrt.

Das Unternehmen Springer & Jacoby hat sich auf sieben Adressen mitten in Hamburgs Innenstadt zwischen Jungfernstieg und Gänsemarkt verteilt. Ungewöhnlich für eine Agentur ist die – einheitliche – Einrichtung der Räumlichkeiten: keine ausladenden Empfangsräume, keine einladenden Designersessel. Statt dessen Understatement mit schlichtem Mobiliar. Die leeren Wände sind im Farbton Elephant Seven gestrichen – ein nicht sehr aufreizendes Hellgrau.

Die Leute, die ich bei Springer & Jacoby getroffen habe, machten einen entspannten, dynamischen und durchweg positiven Eindruck. Auffallend war, wie stolz sie auf ihre Agentur sind und mit welcher Begeisterung sie arbeiten. Um auf das Erfolgsgeheimnis von Springer & Jacoby zu stoßen, brauchte ich nicht lange zu graben.

Vom „Dicken Mann" zum „Pistolenfön"

„Der Dicke Mann" (Agentur-Broschüre)

Als „uralt" wird die 52 cm x 35 cm große Broschüre bezeichnet, mit der die Agentur im Anzeigenstil die neun Eckpfeiler ihrer Philosophie vorstellt. Sie ist vor sieben Jahren entstanden. Es geht gleich mit dem Gründungsmythos los:

> *Wer eine Werbeagentur gründen will, braucht dazu vier Dinge: einen Kunden, modisch gestaltetes Briefpapier, eine modisch gestaltete Agenturbroschüre und eine modische Agenturphilosophie.*

> *Als Reinhard Springer daran ging, unsere Agentur zu gründen, hatte er nichts davon. Aber dafür zwei Zimmer in einem Hamburger Kaufmannshaus und einen komfortablen Daunenschlafsack.*

Wir sind unkonventionell, aber solide

> *Nachts schlief er neben seinem Schreibtisch, morgens rollte er den Schlafsack zusammen und öffnete die Tür, um zu sehen, ob vielleicht der erste Kunde davor stand. Dabei war er kein abgehärteter Romantiker, sondern lediglich ein ordentlicher Kaufmann. Und wer so einer ist, der macht eben keine Schulden.*

Die Botschaft „Wir sind unkonventionell, aber solide" ist deutlich hörbar und wird sofort ideologisch gefestigt:

> *An der Einfachheit und Sparsamkeit der ersten Tage hat sich bis heute im Wesentlichen nichts geändert.*

> *Warum auch? Wir sind damit in wenigen Jahren zur kreativ führenden Agentur in Deutschland geworden.*

Vom „Dicken Mann" zum „Pistolenfön"

Ebenso unterhaltsam verpackt sind diese Aussagen:

Wir bleiben unabhängig und denken langfristig

Qualität entsteht nur bei guter Laune

Gute Werbung entsteht dadurch, dass man einfache Ideen exakt plant und originell umsetzt

Werbung, die wirkt, ist uns wichtiger als Auszeichnungen

Ein aufwändiges Agentur-Ambiente haben wir nicht nötig

Wir sind schnell und flexibel

Wir sind so jung wie unsere Zielgruppe

Qualität geht vor Wachstum

Und zu einer der solidesten. Nicht von ungefähr arbeitet die Agentur noch heute für ihren allerersten Kunden und hat bisher kaum einen Kunden verloren. Aber 36 dazu gewonnen.

Ganz anders kommt das neue Agenturbuch „Der Pistolenfön" daher. Er vertritt zwar exakt die gleiche Ideologie, aber er tut es implizit. Schon der dunkelrote, mit goldenen Lettern bedruckte Einband stellt klar, womit man es zu tun hat: nicht mit einer Firmendarstellung – sondern mit einer ganz besonderen Form von Familienalbum.

Auf 200 Seiten bestem Bütten werden – liebevoll und originell illustriert – Anekdoten und Statements von den Firmengründern, Mitarbeitern und Konkurrenten zum Besten gegeben, Einblicke in die Agenturphilosophie gewährt, Kulturinstrumente benannt, alte Gerüchte kommentiert und neue geschaffen. Der Mythos vom Ursprung fehlt selbstverständlich auch hier nicht.

Auffallend in jeder Zeile des Agenturbuches: ein schier grenzenloses Vergnügen, gepaart mit einer Selbstironie, die, wie folgender Auszug aus der „Legende von Springer & Jacoby im Jahre 2021" zeigt, auch vor den Inhabern nicht haltmacht:

> *Im Jahre 2007 waren die beiden Alteigner aus dem Rampenlicht der Öffentlichkeit verschwunden. Von Konstantin hörte ich vor einigen Jahren, dass er sich seinen Traum von einem selbstkonstruierten, selbstgebauten Automobil endlich verwirklicht hatte. Autos waren immer noch seine Leidenschaft, auch wenn diese veralteten Transportmittel längst nur noch nostalgischen Wert hatten. Der Versuch, bei Dreharbeiten auf einer verrotteten Autobahn in Deutschland mit 150 km/h eine „Rockford-Wende" (Wendemanöver aus einer alten Detektivserie) zu machen, endete auf dem Ohlsdorfer Friedhof. Sein langjähriger Freund Volker Schlegel, mit dem zusammen er an einer Chronik über Autos arbeitete, filmte die Szene und unterlegte sie in der Sendefassung mit Billy Joels „All Goods Die Young".*
>
> *Reinhard Springer wanderte, nachdem seine Diskette „Checkliste für eine bessere Welt" ein Bestseller geworden war, nach Mallorca aus und gründete dort eine Sekte. Er baute eine „Brainmaschine", mit der er ei-*

nen Bauarbeiter in fünf Minuten in einen Marketingleiter verwandeln konnte (auch wenn niemand mehr Marketingleiter brauchte). Er transformierte mehrfache Frauenmörder in Spontansympathen und gilt noch immer als ein letzter Verfechter der nichtkünstlichen Ernährung.

Die Philosophie der beiden Agenturgründer mit ihrem ständigen Streben nach guter Werbung gilt auch heute noch als ein Paradebeispiel für Starrsinn und Unflexibilität.

So werden unaufdringlich charakterliche Eigenschaften der Inhaber vermittelt. Die Auswahl der Anekdoten sorgt dafür, dass der lockere Umgangston richtig verstanden wird. Auf den nächsten Seiten die Dokumentation einer Agenturparty.

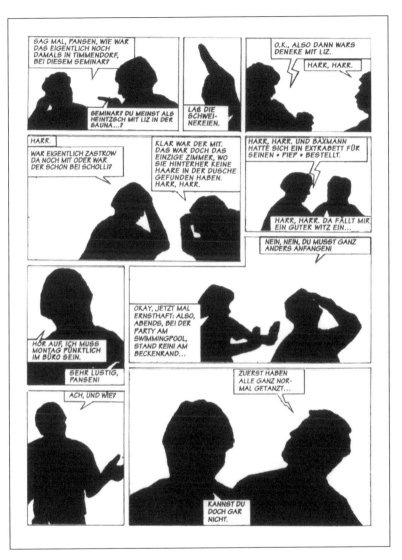

Quelle: „Pistolenfön", 1993

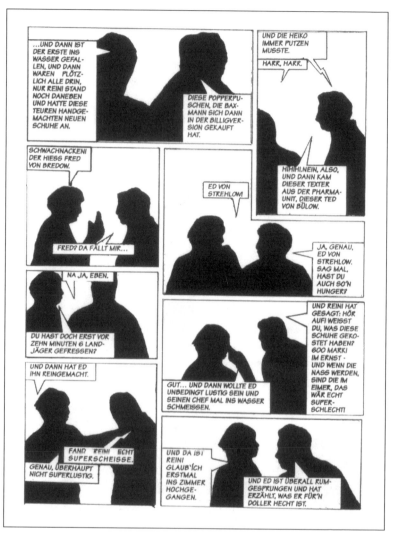

Quelle: „Pistolenfön", 1993

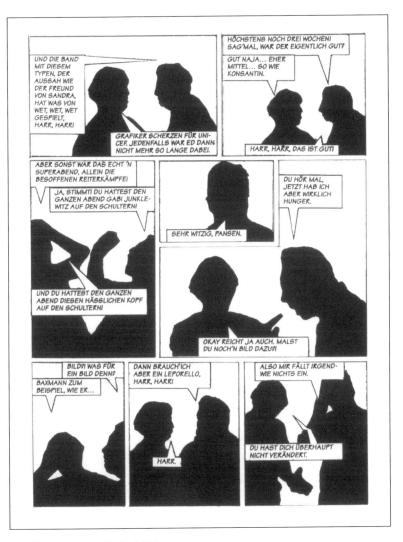

Quelle: „Pistolenfön", 1993

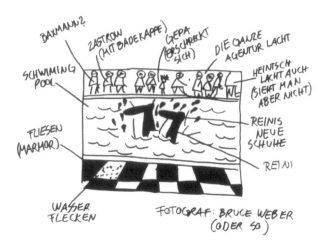

Qualität durch gute Laune

In diesem Rahmen wirken die eingestreuten Storyboards und Anzeigenkampagnen wie unvermeidliche Resultate der geballten Agenturlaune. Und so war das sicher auch gemeint. Die Botschaft, die der Leser aus den Erzählungen, Anekdoten, Ritualen und Symbolen empfängt, lautet: Springer & Jacoby ist eine Ansammlung von Leuten, die es echt drauf haben und wirklich was von guter Werbung verstehen. Schlussfolgerung: Wer schon selbst nicht in dieser Agentur arbeiten kann, will nach der Lektüre des „Pistolenföns" wenigstens seinen Werbeetat dorthin tragen.

Qualität ist der Dreh- und Angelpunkt der Agentur. Alle Strukturen, Instrumente und Wertvermittlungen sind darauf ausgerichtet, dass die Arbeitsabläufe, die Atmosphäre und die Haltung der Mitarbeiter es ermöglichen, Werbung höchster Qualität zu produzieren, Werbung, „die etwas bewegt".

Der „Magic Mix": Reini und Konstantin

Was Qualität ist, das wird vorbildlich von den beiden Agenturinhabern vermittelt. Konstantin Jacoby kam ein Jahr nach der Gründung durch Reinhard Springer zur Agentur.

> Ein Geschäftsführer: *Reini ist ein guter Manager. Er hat die Agentur gegründet und strukturiert. Der kreative Kopf, unser Star, ist Konstantin. Er muss immer diszipliniert und gemanagt werden, weil er wie ein Wahnsinniger arbeitet. Reini sagt immer: „Konstantin ist unser Boris Becker und ich bin Tiriac." Die beiden sind völlig unterschiedlich, aber sie ergänzen sich supergut. Ich glaube, sie denken gleich, nur kann der eine dieses und der andere Jenes.*

Dass die beiden Inhaber Charisma haben, ist unbestritten. Wieviel Respekt und Sympathie sie bei ihren Mitarbeitern genießen, wird bei diesem Gespräch zwischen zwei Kreativen deutlich:

> Art-Director: *Die beiden sind in der Agentur voll als – Patriarchen ist zuviel gesagt ...*
>
> Texter: *... also es geht nicht so weit, dass wir sie für Gurus halten, aber als Firmengründer und Inhaber sind sie voll akzeptiert.*
>
> Art-Director: *Das liegt an ihren Fähigkeiten. Dass man das Gefühl hat, die können es wirklich. Davor haben wir Respekt. Es motiviert enorm, für Leute zu arbeiten, die in der Lage sind, gute Sachen richtig zu verwerten. Das gilt für die kaufmännische Seite, also für die Berater bei Springer, ebenso wie für die Kreativen bei Jacoby. Wenn das nicht wäre, wären sie nicht*

so groß geworden und es würde auch nicht gelingen, die Leute so aufblicken zu lassen, auf so einem hohen Level zu halten ...

Reinhard Springer und Konstantin Jacoby

Konstantin Jacoby setzt die Maßstäbe für Qualität Er wird von den Kreativen gefürchtet und bewundert.

> Geschäftsführer: *Konstantin ist sicherlich einer der besten Texter, die es gibt. Aber er ist auch sehr hart. Vor ihm zu bestehen ist für die Kreativen nicht leicht. Und er verpackt es nicht so nett, sondern sagt es geradeheraus.*

> Sekretärin: *"Bevor Konstantin einen Mitarbeiter selbst anrief, schickte seine Sekretärin einen kurzen Weckruf voraus. Wenn man dann mit Konstantin sprach, hatte man das Gefühl, vorher noch gar nicht richtig wach gewesen zu sein. So, als hätte man vorher gedöst."*

Reinhard Springer vermittelt seinen Mitarbeitern die „richtige Haltung" zur Arbeit.

> Art-Director: *Reinhard Springer verkörpert eigentlich die Kultur hier. Er ist ein genialer Rhetoriker und ein super Verkäufer. Und ein brillanter Geschäftsführer. Vom ersten Tag an hat die Agentur keine Schulden gemacht. Das ist sein Prinzip: Langsam, aber stetig wachsen, immer mit festem Boden unter den Füßen. Ich glaube, dass diese Firma seinen Wunschvorstellungen entspricht. Er hat gnadenlos das Ziel verfolgt, alles so zu machen, wie er es gut findet. Er hat einen inneren Drang, alles zu perfektionieren.*

> Texter: *Es ist ihm gelungen, die Leute zu motivieren, sie arbeiten hier mindestens 10 Prozent mehr als normalerweise. Mindestens!*

> *Jeder einzelne Mitarbeiter ist ihm wichtig. Wenn man ihn so reden hört, spürt man, dass er ein totaler Idealist*

ist, einer, der viel Lebensfreude hat. Und ein Macher. Er ist immer bemüht, was Neues zu machen, immer weiterzukommen.

„Hier ist Reini!"

Mit viel Hartnäckigkeit bekam ich einen Interviewtermin mit einem dieser beiden „tough guys" (Mitarbeiter). Auch auf der Inhaberetage herrscht Understatement. Ganz entspannt im Hier und Jetzt sitzt Reinhard Springer hinter seinem blitzblanken Schreibtisch und sieht aus wie ein intellektueller Aussteiger, der einen Manager persifliert: „Was gibt's? Leg los!"

Ist der Mythos „Springer & Jacoby" geplant wie eine Produktmarke?

<u>Springer:</u> *Ob aus irgendwas ein Mythos wird, ist dem, der aus Versehen Verursacher von so was ist, shitegal. Weil, man legt nicht etwas an, um einen Mythos zu machen. So was entsteht wie eine Pfütze wenn es regnet, und es ist dem Regen shitegal, dass eine Pfütze entsteht.*

Unser Ziel ist ein einfaches: Wir wollen die qualitativ beste Agentur sein. In Deutschland haben wir das geschafft, und in Europa wollen wir das auch gerne sein. Und weil unser Produkt „Gute Werbung" ist, muss sie erstens erfolgreich sein und zweitens so, dass weder Konstantin noch ich einen Herzinfarkt kriegen. Also, wir wollen die Sache persönlich aushalten können.

Er wollte eine Firma aufbauen, die alle Fehler vermeidet, die er als Berater in seiner Agenturlaufbahn kennengelernt hat. Seinen Führungsstil bezeichnet Springer mit „Management by Lieber Gott".

> Springer: *Das Schicksal ist ja oft sehr gütig, und es fließen die verschiedensten Chancen an einem vorbei. Die Natur sagt: Hier, ich bin voller Energie! Nutz' das alles! Nur, die meisten Manager sagen: Das passt jetzt nicht in mein Raster, ich habe ein anderes Programm. Management by Lieber Gott heißt, dass man die Dinge sich fügen lässt. Dass du all das, was die Natur dir anbietet, nutzt.*

Wichtige Anregungen für das Kulturmanagement und die Mitarbeiterführung zieht er aus seiner Auseinandersetzung mit alternativen Lebensformen, Bewusstseinserweiterung und Persönlichkeitsentwicklung. In der Förderung der Haltung und Persönlichkeit der Mitarbeiter und in einer guten Arbeitsatmosphäre sieht Springer die wichtigsten Faktoren für den Erfolg der Agentur:

> *Die wichtigste Aufgabe dieser Firma ist es, gute Laune zu produzieren. Good Vibrations, das ist das Motto!*

Für die gute Laune hat Reinhard Springer sich eine ganze „Trickkiste" von Ritualen und Symbolen ausgedacht, die rund um die Uhr zum Einsatz kommen. In den operativen Ablauf der Units mischt der Unternehmensgründer sich nicht ein. Ausnahme: Die Probezeitparty, auch „Alteigners Märchenstunde" genannt. Zu dieser Zeremonie werden zweimal im Jahr alle neuen Mitarbeiter eingeladen. Bei einem leckeren Essen geben die beiden Inhaber Anekdoten und wichtige Ereignisse aus der Agenturgeschichte zum Besten.

> Springer: *Irgendwann haben wir festgestellt, dass die Leute, die in der Probezeit sind, nicht genau wissen, was die Firma soll. Und da haben wir uns gedacht: Gut, dann müssen wir ihnen das erzählen. Denn je besser die Leute die Geschichte der Agentur kennen, desto besser verstehen sie, was und wie hier gespielt wird. Ganz einfach. Und wenn Konstantin und ich da selber stehen, macht es den Leuten sehr viel Spaß, Historisches zu hören.*

Reinhard Springer hält leidenschaftlich gern Vorträge. („Wenn der Saal in zehn Minuten nicht brodelt, war ich nicht gut.") Vor der TUI, vor der Textilbranche und natürlich auch vor den Mitarbeitern seiner Firma.

> Springer: *Ein Vortrag ist so eine Art Energietransfer. Wenn ich merke, die Firma braucht mal wieder so ein Bild, halte ich einen Speach, um die Idee hochzuhalten, um zu motivieren. Man muss die Leute anregen, sie begeistern, sie zum Brennen bringen!*

Tatsächlich ist es ein großes Vergnügen, Reinhard Springer reden zu hören und zu sehen. Er ist hellwach und so schnell, dass man nicht nur vorsortierte Antworten bekommt, sondern auch lebendige Reflexionen. Manchmal unterstreicht er seine Aussagen durch Gesten, die aus der Comic-Literatur stammen müssen. Kurz: er wirkt sehr sympathisch, lebendig und glaubwürdig.

Am Ende des Gesprächs holt Reinhard Springer das Buch „Der Prophet" von Gibran aus dem Schrank und zitiert:

> *Arbeit ist sichtbar gemachte Liebe. Und wenn Ihr nicht mit Liebe, sondern nur mit Widerwillen arbeiten könnt, lasst besser Eure Arbeit und setzt Euch ans Tor des Tempels und nehmt Almosen von denen, die mit Freude*

> *arbeiten. Denn wenn Ihr mit Gleichgültigkeit Brot backt, backt Ihr ein bitteres Brot, das nicht einmal den halben Hunger des Menschen stillt. Und wenn Ihr die Trauben mit Widerwillen keltert, träufelt eure Abneigung ein Gift in den Wein. Und auch wenn Ihr wie Engel singt und das Singen nicht liebt, macht Ihr die Ohren der Menschen taub für die Stimmen des Tages und die Stimmen der Nacht ...*

Springers Kommentar:

> *Da drehst du doch durch. Das heißt mit anderen Worten: Tue nix, was du nicht gern tust, denn dann wird es schlecht – und so ist es. Also – es ist eigentlich alles ganz leicht.*

Wie jeder charismatische Führer vermittelt Reinhard Springer eine klare Mission: das Streben nach Vervollkommnung, die Entwicklung von Persönlichkeit.

> <u>Springer</u>: *Es gibt ein schönes Zitat: „Volk und Knecht und Überwinder, sie gestehen zu jeder Zeit, höchstes Glück der Erdenkinder sei nur die Persönlichkeit." Persönlichkeit zu entwickeln heißt, auf allen Ebenen eine Stufe höher zu kommen, und das gelingt nur durch Kultur.*

Die „Checkliste für eine bessere Welt", die Reinhard Springer nach der Legende aus dem Jahre 2021 entwickelt haben soll, nimmt bereits Form an. Es scheint sein persönliches Ziel zu sein, Menschen zu motivieren, weiterzubringen und anzuregen, um eine höhere Lebensqualität zu entwickeln.

Die „Trickkiste"

Wie schaffen es Springer & Jacoby, sieben eigenständig geführte Units auf den „Geist des Hauses" einzuschwören? Ganz einfach: Jeder Unit-Chef hält sich an den von Reinhard Springer entwickelten „Unit-Chef-Ordner", der einen perfekt aufeinander abgestimmten Einsatz von operationalen und symbolischen Instrumenten vorgibt.

Wie ein automatisch arbeitendes Rückkoppelungssystem stabilisieren, analysieren und kontrollieren sie die Abläufe und Entwicklungen in den Units und zeigen rechtzeitig notwendige Anpassungen und Veränderungen an. In diesen Prozess, Arbeitsstrukturen und -abläufe permanent zu optimieren, sind alle Mitarbeiter eingebunden. Die Haltung des Hinterfragens soll „wie das Pusten in das Feuer eines Kamins" ihre kreativen Kräfte freisetzen. Denn, so das Vorwort des Handbuchs:

> *Das menschliche Bewusstsein ist ein Feuer, das durch Begeisterung immer neu entfacht werden muss.*

Das „4K-Bewertungssystem" oder: „Pfeile, die man fliegen sieht, fliegen langsamer"

Wichtigstes Steuerinstrument für die straffe Führung der einzelnen Units sind die 4Ks. Sie stehen für Kunde, Kreation, Kasse und Kultur. Die dahinterstehende Theorie ist einfach und einleuchtend:

> *Ohne Kreation kein zufriedener Kunde, ohne Kasse kein Geld für Kultur, ohne Kultur keine gute Kreation, ohne Kreation kein Kunde, ohne Kunde keine Kasse usw.*

Damit jedes K auf einem gleichbleibend hohen Niveau gehalten wird, muss es monatlich vom Unit-Chef überprüft beziehungsweise eingeschätzt werden. Dafür gibt es, wie für fast alles in der Agentur, Checklisten. Anhand der „4K" ist die Leistung einer Unit für die Geschäftsleitung jederzeit ablesbar. Erfolg und Misserfolg schlagen sich direkt im Bonus des Unit-Chefs – und in seiner Autoklasse – nieder.

Das „3E-Arbeitsprinzip": Einfach – Einfallsreich – Exakt

Diese Arbeitsphilosophie soll die „abschweifenden Gedanken der Mitarbeiter auf den Kernpunkt lenken", nämlich einfache, originelle Ideen mit Phantasie und exakter Planung umzusetzen. Sie gilt für alle Vorgehensweisen in der Agentur und drückt sich zum Beispiel in Gesetzen wie Pünktlichkeit, in der einfachen Inneneinrichtung oder in der Wahl der Orte für Agenturfeiern aus.

Der „Segeltest"

Basisinstrumente für den Grundkonsens und die Haltung der Mitarbeiter sind der Segeltest und das Agentur- Grundgesetz.

> <u>Unit-Chef:</u> *Die Segeltestfrage ist bei uns ein Muss. Nachdem wir alles gecheckt haben und meinen, der Junge ist klasse, der hat Feuer unterm Hintern, der ist intelligent, der ist neugierig – also all diese Dinge, die wir haben wollen, fragen wir uns selbst: „Willst du mit dem segeln gehn? Kannst du dir vorstellen, mit dem Typen in einer Zweimann-Kabine auf einem Segelboot zu liegen?" Die Frage ist eisenhart. Und wenn die Antwort „nein" ist, dann stellen wir ihn nicht ein.*

> *Das klingt alles ganz simpel, aber ich glaube, damit sind wir ganz gut gefahren. Also, ein Blödmann hier in der Gruppe, und die Stimmung ist dahin! Und eins unserer wichtigsten Ziele ist ja, Spaß an der Arbeit zu haben. Sonst machst du ja keine gute Arbeit, und gehst morgens nicht gerne hin.*

Durch diese sehr persönliche Mitarbeiter-Auswahl wird der Unit-Chef gefordert, seine Intuition einzusetzen. Die Einstellung ist der Beginn eines Vertrauensverhältnisses, der neue Mitarbeiter „sitzt mit im Boot".

Das Agentur-Grundgesetz

Es wurde 1985 schriftlich fixiert und ist seither nicht geändert worden. Es vermittelt das Ziel und den Zweck der Agentur und stärkt das Gemeinschaftsgefühl. An die Mitarbeiter wird das Gesetz nur mündlich weitergegeben.

> <u>Springer</u>: *Das Grundgesetz muss gelebt werden, und das Leben ist ein fließender Prozess. Damit die Gesetze verinnerlicht werden und lebendig bleiben, müssen sie immer wieder neu diskutiert und interpretiert werden.*

Jeder Unit-Chef liest einmal im Quartal die Gesetze seinen Mitarbeitern vor.

> <u>Texter</u>: *Die einzelnen Inhalte kann ich eigentlich gar nicht wörtlich wiedergeben. Aber was hängen bleibt, ist eine grundsätzliche Haltung. Es fällt mir zum Beispiel ein, wenn ich mir selbst irgendeine Frage stelle oder an einer Sache arbeite. Dann weiß ich, das läuft hier so und so. Es bleibt einfach hängen.*

Dazu kommt, dass alle Leute, die hier arbeiten, diese Ansichten schon von ihrem Naturell her teilen. Man wird ja schon danach ausgesucht, ob man dazu passt. Das fällt mir extrem auf, wenn wir eine Party feiern oder zusammen arbeiten. Das sind fast alles Leute, mit denen ich auch privat gut klarkomme.

Die Gesetze beschreiben eigentlich nichts anderes als das, was sowieso die eigene Haltung ist. Dass man nicht an anderer Leute Stühle sägt, dass man keinen Missbrauch treibt mit Sachen ... Eigentlich das, was man sich selber vorstellt, was man tunlichst vermeiden sollte. Die Grundgesetze muss man sich von daher gar nicht so merken, weil man das sowieso so macht, weil man selber so ein Mensch ist. Und diejenigen, die nicht so sind, werden irgendwann Probleme kriegen.

Die Geheimhaltung des Grundgesetzes schirmt ab vor Infragestellungen von außen und verstärkt seine Bedeutsamkeit. Im Gegensatz zu starren, rationalisierten Gesetzen entwickeln die Mitarbeiter durch das „gesprochene Wort" ganz persönliche Werthaltungen und Einstellungen. Sie bleiben integer, denn sie können ihr Verhalten kreativ und flexibel an ihrer inneren Instanz ausrichten.

Good Vibrations durch Checks und Rituale

Durch jährliche Maßnahmen wie den „Gehalts-Check" und den „Leute-Check" soll eine möglichst offene und spannungsfreie Atmosphäre geschaffen werden. Jeder soll wissen, wo er steht, wo er hin will und wie er eingeschätzt wird. Damit Defizite frühzeitig erkannt werden, kann sich jeder Mitarbeiter beim anonymen „Laune-Check" und „Kultur-Check" zur Kultur, zur Firma, zu seiner Unit, seinem Chef und zu seinem Gehalt äußern.

Art-Director: *Die meisten erkennen, dass das Instrumente sind, um die Leute zu motivieren und bei der Stange zu halten. Damit sie von sich aus an der Firma teilhaben und sie nach vorne bringen. Denn das ist natürlich das Beste, was der Firma passieren kann. Aber selbst wenn man durchschaut, dass das Hebel sind, schafft es eine gute Stimmung. Denn man sieht, hier macht man sich Gedanken über Motivation, und das ist ein gutes Gefühl ...*

Texter: *... zumal mit jedem Einzelnen über sich und seine Zukunft gesprochen wird. Das fängt beim Praktikanten an und hört bei uns auf. Keiner wird vernachlässigt. Jeder hat mindestens zweimal im Jahr ein persönliches Gespräch und bringt zum Ausdruck, was er vorhat, was er erreichen will und was ihm stinkt. Und zwar ganz deutlich. Man geht zum Geschäftsführer und sagt: „Das finde ich total zum Kotzen", ohne dass man das Gefühl haben muss, du stehst jetzt vor deinem Chef.*

Das ist wichtig, dass man sich äußern kann. Das ist auch ausschlaggebend dafür, dass die Leute lange bleiben. Hier ist ja keine große Fluktuation. Ich weiß nicht, was man mir anbieten müsste, um hier wegzugehen. Also mit Geld wäre das nicht zu machen.

Meine Probezeit ist zum Beispiel verkürzt worden. Da merkt man, dass man sich Gedanken über mich gemacht hat. Das sind alles so kleine Beweise dafür, dass du nicht so ein Haufen bist, der für andere arbeitet. Dass hier kein Mensch was alleine macht, sondern dass wir alle zusammen dahinterstehen.

> Art-Director: *Sie sorgen dafür, dass ich ein gutes Arbeitsklima habe, um mein Ding durchzuziehen. Und sie sorgen dafür, dass du deine persönlichen Maßstäbe um ein Vielfaches hebst. Und für dieses spaßvoll erfolgreiche Ambiente leistet man auf der Gegenseite natürlich entsprechend viel und gerne.*

Infoschriften, Checklisten, Rituale und Symbole werden als Instrumente eingesetzt, um trotz des Wachstums die Grundgedanken und das Know-how der Agentur auf die Mitarbeiter zu übertragen. So wird das Qualitätslevel transportiert und hochgehalten und ein straffer Ablauf erzeugt.

> Texter: *Eigentlich ist hier jeder Arbeitsschritt Ritual. Das Kaffeetrinken morgens, die Mittagspausen, die Meetings, das „Sich-zusammen-was-Ausdenken". Wie man sich gegenseitig den Ball zuspielt, sich gegenseitig hochschaukelt. Die Rituale sorgen für den straffen Ablauf. Ohne sie könnten wir das Tempo hier nicht durchhalten. Das Tempo macht die Agentur aus. Das läuft hier so schnell, dass man sich gar nicht erlauben kann, lange herumzutrödeln. Was hier in einer Woche passiert, habe ich früher in drei Monaten gemacht.*

Die Bußwoche

Reinhard Springer hat für alle möglichen Tätigkeiten und Vorgänge in der Agentur Checklisten entwickelt.

> Geschäftsführer: *Reini sagt immer: „Die Bescheuertsten können hier arbeiten, die müssen nur in ihre Liste gucken. Es ist ganz einfach." Bloß, den Leuten klarzumachen, dass sie mit den Checklisten arbeiten sollen, ist ganz schwierig.*

Jacoby und Springer im Bußgewand

Damit niemand vergisst, wo und wie es langgeht, wird einmal im Jahr die Kulturwoche, auch „Bußwoche" genannt, eingelegt. In dieser Zeit wird exakt nach Checkliste, Grundgesetz und Philosophie gearbeitet. Die Schränke werden ausgemistet, jeder kommt und geht pünktlich und denkt sich täglich für seine Kunden eine kostenlose Zusatzleistung aus. Jeder Verstoß kostet während dieser Woche 5 Mark. Für die eingesammelten Bußgelder gehen dann alle zusammen essen und anschließend ins Kino.

„Die Kreation rauslassen"

Trotz der starken Sinngemeinschaft und dem großen Wert, der auf die „richtige Haltung" gelegt wird, haben die Mitarbeiter nicht das Gefühl, dass in ihre Persönlichkeit eingegriffen wird.

> <u>Texter:</u> *Man merkt, es gibt keine Vorstellung darüber, wie wir sein sollen. Es ist egal, wie einer rum läuft. Es sind ja auch ein paar ziemlich ausgefallene Gestalten hier dabei. Man will deine individuelle Entwicklung nicht stören. Man fördert sogar die persönliche Entfaltung des Einzelnen.*

Das Recht auf Förderung der Mitarbeiter und ihres Wohlbefindens ist auch im Grundgesetz verankert. Es verspricht, dass jeder dabei unterstützt wird, seine Ziele in der Agentur zu erreichen.

Seit einem Jahr gibt es ein Förderprogramm für die kommenden Jungstars, die noch nicht reif für den Unit-Chef oder den Creative-Director sind. Damit soll die Gefahr gebannt werden, dass gute Mitarbeiter zu sogenannten „Hotshops" abwandern. Für die Verpflichtung, über einen Zeitraum von eineinhalb Jahren dabeizubleiben, wird ein individuelles Programm zusammengestellt, um ihre Defizite abzubauen: zum Beispiel fünf Wochen Filmproduktion in New York, vier Wochen in die Produktionsabteilung beim Kunden oder ein Rhetorikseminar.

„Der liebe Gott ist mit den Entspannten"

Sportlichkeit wird bei Springer & Jacoby großgeschrieben. Jedes Jahr werden ein Skiurlaub und ein Segelwochenende organisiert, bei dem jeweils 30 bis 40 Leute teilnehmen können. Für alle gibt es kostenlose Freikarten für den Fitness-

Club und jeden Tag ist für frisches Obst gesorgt. Agentureigene Ferienhäuser auf Mallorca und Sylt stehen für den Kreativurlaub bereit, und Agenturpartys finden schon mal in einem gemieteten Schwimmbad mit Band statt.

> Art-Director: *Job und Sport gehören ja eigentlich relativ eng zusammen, denn die Denke ist gleich. Bei allem, was man hier tut, muss man ja versuchen, besser zu sein als andere Agenturen. Und Sport ist eine spielerische Weise, besser zu sein als andere. Wenn die spielerische Seite wegfällt, dann verkrampft man und hat keine Chance mehr, seine Sache gut zu machen.*

„Wer nichts riskiert, der gewinnt auch nichts"

Der Druck auf die Kreativen ist sehr groß. Dreimal im Jahr, und manchmal auch zwischendurch, sieht sich Konstantin Jacoby alles an, was produziert wurde.

Für die Kreativen bei Springer & Jacoby hängt die Einkommensdecke nicht so hoch wie in manchen anderen Agenturen. Viel motivierender wirkt ihr Idealismus:

> Texter: *Jeder identifiziert sich mit dem Unternehmen, weil nichts raus geht, wo man nicht voll dahintersteht. Dadurch entwickelt jeder den Ehrgeiz, die Sache besonders gut zu machen. Das ist zwar manchmal hart und man sitzt ewig lange dran.*

> Art-Director: *Wir haben ein gewisses Qualitätsniveau, das wir halten. Das steht zwar nicht direkt im Grundgesetz, aber es steckt irgendwie drin: Dass man sagt, wir können auch mal auf einen Kunden verzichten, wenn unsere Einstellung, was wir für gute Werbung halten, dem widerspricht, was er will. Also, wir müssen nicht alles ...*

Texter: *Das ist ein extrem wichtiger Punkt, dass wir nicht das machen, was der Kunde erwartet, sondern bestimmte Vorstellungen haben. Und wenn sich das nicht deckt ... (zuckt mit den Schultern)*

Art-Director: *Für die Kreativen ist das superwichtig. Ich habe selber einen hohen Anspruch und merke, die Agentur hat es auch. Wir ziehen da an einem Strang. Auch die Kontakter, selbst wenn sie sagen: Auweia! Das dem Kunden zu präsentieren, das wird schwierig. Zum Beispiel die Mercedes-Anzeige: Auf dem Vordersitz der Vater, hinten die kleine Tochter und die Headline: „In wenigen Sekunden kann sie ihrem Vater alle Knochen brechen."*

Unit-Chef: *Eines unserer Erfolgsgeheimnisse: Wir schmeißen die Leute ins Wasser und lassen sie manchmal vielleicht ein bisschen zu lange zappeln. Dadurch entstehen auch Fehler. Aber wer nichts riskiert, der gewinnt ja auch nichts! Und das ist der irre Unterschied zu anderen Agenturen: Unsere Leute haben den Mut, ihr kreatives Potenzial rauszulassen. Hier kann ja jeder mit der wildesten Lösung rauskommen, und er kriegt nicht dreimal eins auf die Rübe gehauen, sondern wir tragen es wahrscheinlich sogar zum Kunden! Und das ist das Grundgeheimnis: dass man die Kreation raus lässt und sie eigentlich nur noch lenkt.*

Das Geheimnis des Pistolenföns

Jede mythische Geschichte wird in einem bildlichen Ausdruck verdichtet, der den Begründungszusammenhang, den Ursprung erfahrbar macht. Das Gemeinschaft stiftende Symbol bei Springer & Jacoby ist der „Pistolenfön". Jenes rätselhafte Zeichen, das bei manchen Mitarbeitern als Anstecknadel das Revers ziert – und das dem Agenturbuch seinen Namen gab. Aber nirgendwo findet sich eine Erklärung.

> <u>Unit-Chef:</u> *Wenn Sie mir versprechen, darüber zu schweigen, sage ich es Ihnen natürlich. Eigentlich dürfen wir das überhaupt nicht sagen. Viele meinen, es ist wirklich eine Pistole, oder das Zeichen der Frisörinnung. Und wir müssen uns immer rechtfertigen. Es ist der ehemalige ... Und das ist das Geheimnis.*

Versprochen ist versprochen. Aber wer einen Springer & Jacoby-Mitarbeiter trifft, wird auf die Frage ganz bestimmt eine Antwort bekommen. Der silberne Pistolenfön wird nach bestandener Probezeit in einer Schatulle überreicht, in der sich ein Zettel mit folgendem Text befindet:

> *Als Glücksbringer bei wichtigen Präsentationen, wilden Feten und anderen Gelegenheiten. Als Zeichen, dass Du jetzt fest zur Familie gehörst.*

Der „Pistolenfön" – Anstecknadel von Springer & Jacoby

Bei Ausscheiden in gegenseitigem Einvernehmen gibt es die Nadel in schwarzem Stahl, mit der signalisiert wird, dass man von der Agentur unterstützt wird und, wenn es möglich ist, wieder in die Agentur aufgenommen wird. Einmal im

Jahr wird der goldene Pistolenfön an einen ganz besonders verdienten Mitarbeiter verliehen. Der „Pistolenfön" bringt die Zugehörigkeit zur Familiengemeinschaft von Springer & Jacoby, auch über das Beschäftigtenverhältnis hinaus, zum Ausdruck.

Zweifellos ist die Agentur Springer & Jacoby ein beispielhaftes Lehrstück für unternehmenskulturelle Betrachtungen. Vorbildliche, charismatische Führungskräfte, ein gemeinsamer Kristallisationspunkt, der sowohl die ethischen als auch die sinnlich-ästhetischen Empfindungen der Mitarbeiter anspricht.

Die Werte und Grundannahmen der Mitarbeiter harmonieren mit der Ausrichtung des Unternehmens. Eine offene, vertrauensvolle Atmosphäre erzeugt Wohlbefinden und kreative Energie. Eine flache Hierarchie und optimale Arbeitsstrukturen ermöglichen einen freien Kopf und die schnelle Umsetzung von Ideen. Und schließlich werden die gute Ideen auch erkannt und verwirklicht. Das wiederum fördert die gute Laune, die Kreativität und schließlich die Qualität der Arbeit.

Und wo ist der Mythos?

> <u>Springer:</u> *Ob aus irgendwas ein Mythos wird, ist dem, der aus Versehen Verursacher von so was ist, shitegal. Weil, man legt nicht etwas an, um einen Mythos zu machen. So was entsteht wie eine Pfütze, wenn es regnet, und es ist dem Regen shitegal, dass eine Pfütze entsteht.*

Ob man das einem Werbe-Profi abnehmen kann?

2009: Ein Mythos hebt ab

„Im Jahre 2007 waren die beiden Alteigner aus dem Rampenlicht der Öffentlichkeit verschwunden ..." scherzt die fünfzehn Jahre zuvor verfasste „Legende von Springer & Jacoby im Jahre 2021" (s. S. 147) – und erweist sich heute als Orakel. Denn tatsächlich hat sich Konstantin Jacoby 2006 als Privatier auf Mallorca abgesetzt. Und Reinhard Springer ist als exklusiver Brand-Coach unterwegs. Und das kam so:

1994 verkaufen Reinhard Springer und Konstantin Jacoby 49 Prozent der Agenturanteile an führende Mitarbeiter. Zwei Jahre später ziehen sie sich aus dem Tagesgeschäft zurück und übernehmen den Aufsichtsrat.

Das freie Kapital wird für eine rasche Internationalisierung und Ausweitung der Tätigkeitsfelder eingesetzt. Bis 2003 kann die Agentur sich mit 560 Mitarbeitern und 70 Millionen Euro Umsatz in einem insgesamt schrumpfenden Markt noch gut behaupten. Doch dann gerät sie in eine Führungskrise und verliert zudem wichtige Kunden. Gesundschrumpfen ist angesagt.

Die ganze Branche zieht über die Agentur her, die Gründer ernten Spott und Häme, der Pistolenfön verliert seine Faszinationskraft. Schwere Frustration macht sich unter den Kreativen breit, als beschlossen wird, aus Kostengründen nicht mehr an Kreativwettbewerben teilzunehmen. Als 2006 mit Mercedes der wichtigste Kunde kündigt, wird Springer & Jacoby von der Beteiligungsgesellschaft Avantaxx geschluckt. Sie bestimmt Ercan Öztürk, der seine Erfahrung aus Marketingabteilungen großer Konzerne mitbringt, als Vorstandschef.

Realitätsverlust durch Mythos

Wenn Unternehmen gut sind, wächst ihnen ein Mythos zu: über ihre Produkte, ihre Haltung, ihren Stil, ihren Geist. Aber ein Mythos muss lebendig gehalten, weiterentwickelt und kritisch hinterfragt werden. Sonst führt er zu Selbstüberschätzung, Erstarrung und in die Irre. Ein starker Mythos kann sich auswirken wie ein selbstreferenzielles System. Der Ruf als unangefochtene Werbe-Ikone wurde bestätigt und aufrechterhalten und diente zu einem Zeitpunkt noch als Handlungsgrundlage, als sich schon alle Parameter verändert hatten.

Reinhard Springer und Konstantin Jacoby wollten nicht in Gründerväter-Manier „reinregieren" – sie überließen dem neuen Management das Ruder. Dennoch vermittelte ihre Präsenz im Hintergrund dem Gesamtorganismus eine Pseudo-Sicherheit. Niemand merkte, dass „das Haus brennt".

Ein starker Mythos birgt die Gefahr in sich, die eigene Position, das wirtschaftliche Umfeld und die Markttrends nicht mehr angemessen wahrzunehmen. Auf einen schrumpfenden Markt reagierte S&J mit der Internationalisierung der Agentur. Anstatt sich auf seine Qualität als inhabergeführte Agentur zu besinnen, versuchte man Großagenturen wie BBDO und GREY zu imitieren.

Selbstüberschätzung führt zu Ignoranz. Obwohl große Marken nur noch 30 Prozent ihres Etats in klassische Print- und Fernsehwerbung investierten, reagierte Springer & Jacoby nicht mit dem Angebot neuer Werbeformen.

Das Management glitt in Selbstherrlichkeit und Dekadenz ab: 2001 ritt der damalige Kreativchef Andre Kemper zur Weihnachtsfeier mit einem weißen Pferd auf die Bühne, für einen Firmenausflug wurden 20 Stretch-Limousinen gemietet. Es wurde in dieser Zeit viel Geld verdient – und viel Geld verpulvert. Die Agentur übernahm sich mit zu vielen Groß-Etats – die Qualität litt. Als sich die ersten Geschäftspartner zurückzogen, glaubte man immer noch an die eigene Unverwundbarkeit – und die Banken räumten jede Kreditlinie ein.

Der ehemals statusträchtige Pistolenfön gilt um die Jahrtausendwende unter den Mitarbeitern zunehmend als „uncool". Ein Relikt aus den 80ern. Bei genauer Nachfrage wird sichtbar, dass dies das erste Indiz für den Niedergang des Mythos war. Der Mythos war jetzt größer als die Wirklichkeit – er ist zum Pseudomythos geworden. Während die Agentur sich massiv vergrößerte, empfand sich der einzelne Mitarbeiter nicht mehr als Säule.

Noch wiegten sich die Geschäftspartner in dem Glauben, von einer inhabergeführten Agentur betreut zu werden. Tatsächlich aber saßen Reini und Konstantin schon lange nicht mehr im Cockpit. Die Schere zwischen Positionierung und Wirklichkeit klaffte immer weiter auseinander – bis die Blase platzte.

Reanimation einer Marke

Logo „Pistolenfön"

Der Mythos von Springer & Jacoby als Hotshop und Kaderschmiede gehört (erst einmal) der Vergangenheit an. Vorbei die Zeit, als alle stramm saßen, wenn Konstantin seine Runde machte und Reinhard die Belegschaft mit Showeinlagen und Brandreden begeisterte. Heute ist alles anders.

Mit Ruhe und Besonnenheit, aber auch Entertainment und Humor, navigierte Ercan Öztürk die Agentur mit jetzt nur noch 180 Mitarbeitern aus der Krise. Die 3E und 4K sind im Gepäck. Durch seine Fähigkeit zu motivieren und zu integrieren hat er sich das Vertrauen der Mitarbeiter erworben und sogar Aufbruchstimmung erzeugt. 2007 steht Springer & Jacoby im Kreativ-Index wieder auf Platz 14, gewinnt in Cannes einen Golden Löwen und 2008 beim britischen D & AD den „Yellow Pencil".

Man arbeitet jetzt neben Coca-Cola, Ebay, Siemens, DWS, Commerzbank und Osram auch für mittelständische Kunden, ist bescheidener geworden. „Wir stehen jetzt wieder für unsere alte Größe. In dieser Angreiferrolle war S&J immer am besten", erfahre ich von der Geschäftsleitung. Es wurden Allianzen aufgebaut, um Kampagnen im Internet und über Direktmarketing weiterzuführen. Kooperationen mit neun inhabergeführten Agenturen zwischen London und Istanbul stellen die internationale Umsetzung der Kampagnen sicher. Seit 2008 fühlt man sich wieder „startklar". Und das Vertrauen und Ansehen in der Branche wächst auch wieder. Springer & Jacoby ist wieder auf dem Weg zu einer Marke mit Glamour.

Der „Magic-Mix"-Mythos bleibt das Herz von Springer & Jacoby

Der innere Aufbau der Agentur mit den eigenständig geführten Units wurde über alle Wechselfälle hinweg beibehalten. Und auch an der Kultur hielt man fest:

„Heute wird bei Springer & Jacoby immer noch so gedacht und gearbeitet wie bei Springer & Jacoby, daran hat sich seit 20 Jahren nix geändert", erfahre ich von Erik Heitmann, heutigem Kreativ-Chef der Agentur und, mit Unterbrechung, schon seit 1989 dabei.

Und daran *soll* sich auch nichts ändern. Denn dieses „eigene Denken" ist nach wie vor das kreative Kapital, es repräsentiert die innersten Grundwerte von Springer & Jacoby. Die 3E und 4K stehen auf der Homepage für die Kultur der Agentur. Der interne Slogan dazu lautet. „Wir sagen, was wir denken, wir tun was wir sagen und was wir sagen, das tun wir sofort". Der Pistolenfön ist nicht mehr das geheimnisumwitterte Symbol, um das nur Eingeweihte wissen. Er gehört jetzt als offizielles Markenzeichen zum Unternehmensauftritt und wird bei offiziellen Anlässen sogar wieder gern angesteckt („sehr gern sogar!").

Damals wie heute ist er das Zeichen der Zugehörigkeit nach bestandener Probezeit. Damals wie heute weiht der Unit-Chef offiziell und mündlich in die Grundwerte der Agentur ein. Man weiß um die Bedeutung des *gesprochenen Wortes* für die Entwicklung impliziter Werthaltungen und Grundannahmen.

Der Pistolenfön hat seine Aufladung als verdichtendes Symbol für den Ursprung behalten:

Assistentin: *„Er verweist auf die Gründungszeit, als Reinhard und Konstantin noch selbst auf der Straße Flyer verteilt haben. Auf die ersten Erfolge und darauf, beim Scheitern nicht von der Wahrhaftigkeit der Ur- idee abzuweichen, sondern weiterzumachen."*

Die Grundwerte, die Grundhaltung der Agentur, verdichtet zum Espresso in den 3E und 4K, hatte Reinhard Springer angelegt, damit die Agentur eines Tages auch über ihn und Konstantin Jacoby hinaus rund läuft. Aber Werte und Visionen brauchen immer Vermittler, Persönlichkeiten, die sie klar vor Augen haben und authentisch repräsentieren. Erik Heitmann wurde Ende der 90er von Konstantin selbst ausgebildet. Er kennt das „goldene Zeitalter" der Agentur und hält den Kulturleitfaden hoch. Heitmann ist heute der Qualitätsgarant dafür, dass „S&J drin ist, wo S&J draufsteht", das die Kreationen „überzeugen, überraschen – und eine klare Lösung enthalten".

Die Verweildauer eines Agenturmitarbeiters liegt bei drei bis vier Jahren. Das ist in Agenturen üblich. Die wenigsten kennen die Gründer persönlich – sie sind auf dem Weg zur Legende.

Die von Reinhard Springer geschaffenen 3E: „Einfach – Einfallsreich – Exakt" – empfinden die Kreativen als die „magische Essenz", als „DNA" der Agentur. Sie werden vollkommen mit der Persönlichkeit und Kreativität von Konstantin Jacoby identifiziert. Die 4K: „Kunde – Kreation – Kasse – Kultur" halten heute wieder auf der Ziellinie.

Und das ist die mythische Spur, die die beiden Gründer hinterlassen haben: Reinhard, der Planer, immer mit der Checkliste in der Hand und Konstantin, der Kreative, Super-Emotionale. Sie verkörpern auch heute noch das perfekte Duo aus „Herz+Verstand", „Ratio+Emotio", „Logos+Mythos",

„Ethos+Pathos", „Rechte+Linke Hemisphäre". Das duale System entspricht perfekt dem binären Code des Mythos, der sich alternierend zwischen Gegensätzen bewegt. Auf diese Weise eröffnet er eine neue Ebene der Erfahrung.

Aus der fließenden Zusammenarbeit dieser beiden grundlegenden menschlichen Fähigkeiten erwächst Kreativität.

> <u>Texter:</u> *„Wir machen zwar nur Werbung, ein sehr flüchtiges Produkt, aber wenn wir es schaffen, die richtige Botschaft zur richtigen Zeit punktgenau zu treffen, dann ist das für uns ein perfekter Moment, fast magisch. Und die Voraussetzung für diese Magie erzeugt die Kultur von S&J besser als die von anderen Agenturen."*

Manchmal sind die Neuen „übermannt und inspiriert" von der gelebten Kultur bei Springer & Jacoby. Sie empfinden, „dass in den Räumen grundlegende Wahrheiten leben":

> <u>Texter:</u> *„Konstantin hat das Festklammern am Gewohnten verteufelt und immer vermittelt, dass zur Veränderung auch Unbequemlichkeit gehört. Dass Entscheidungen auch mal unpopulär sein müssen. Dass Leiden und Leidenschaft zur Arbeit dazugehören. Dass man tut, was man sagt. Dass jeder ein Recht auf Fehler hat."*

Der „Magic-Mix"-Mythos trägt noch heute die Agentur. Persönlichkeitskult ist jedoch nicht erwünscht, die Motivation gelingt schließlich auch ohne Reinhard und Konstantin. Ist es denkbar, dass eines Tages doch Portraits der Gründer den Agentureingang zieren? „Nein, auf keinen Fall!". Noch immer gilt das Prinzip, das die Wände nichts – außer Elephant Seven – ziert.

Aber vielleicht ist es ja noch zu früh für diese Frage.

15. Schlussfolgerungen für Mythos-Manager

Die Bedeutung eines Mythos für die Unternehmenskultur liegt darin, als gemeinsamer Nenner beziehungsweise als Integrationspunkt einer pluralistischen Interessengemeinschaft zu wirken und dadurch eine gemeinsame Ausrichtung zu fördern. Die Integration durch einen mythischen Begründungszusammenhang ermöglicht es den Mitarbeitern, sich mit dem Unternehmen zu identifizieren und ihre Intuition und Kreativität freizusetzen.

Die Erkenntnis, dass durch die Wahrnehmung die Welt gestaltet wird, zeigt die Kultur eines Unternehmens als einen sich ständig vollziehenden Prozess, in dem seine Mitglieder selbst ihre Realität erschaffen. Ein Unternehmen, das von einem starken gemeinsamen Sinnsystem durchdrungen ist, kann eine Vision entwickeln, die sich in allen Einstellungen bis hin zur Gewinnerwartung realisiert.

Mythische Sinnstrukturen können so subtil das gesamte Unternehmen durchdringen, dass sie kaum wahrnehmbar sind.

Das mythische Weltbild ist der Hintergrund, in dem die Wahrnehmung, die Werthaltungen, die Handlungsorientierungen und auch die Denkmuster und Überzeugungen der Mitarbeiter eingebettet sind. Ihr Sinnsystem entsteht durch authentische Empfindungen. Es ist ein lebendiges Netzwerk, in das alle Interaktionsprozesse, die sich in der Evolution des Unternehmens zwischen den Menschen abgespielt haben, eingewebt sind. Durch tägliche Lern- und Interpretationsprozesse wird dieses Weltbild weiterentwickelt und an neue Umstände angepasst.

Da dieser Prozess einer kommunikativ geschaffenen Sinngemeinschaft nicht nach mechanistischen Gesetzen abläuft, kann er auch nicht funktionalistisch beeinflusst oder kontrolliert werden. Mythische Sinnstrukturen sind also nicht sozialtechnisch „machbar". Sinn entsteht durch Traditionen und durch gelebte Erfahrungen in der Gemeinschaft. Er muss für die Mitarbeiter durch die Grundhaltungen, Entscheidungen und Verhaltensweisen der Unternehmensführung konkret erlebbar sein.

Als Instrument zur Verzauberung des Weltbildes der Mitarbeiter und zur „Mystifizierung" wahrer Zusammenhänge und Machtinteressen eignet sich der Mythos somit nicht.

Was bedeutet diese Sichtweise von Unternehmenskultur als eine „sozial konstruierte Realität" für das Kulturmanagement? Nicht das „Überstülpen" ideologischer Definitionen und Verhaltensanforderungen, sondern Sensibilität für das Erkennen der mythischen Grundannahmen und ihre symbolische Pflege und kontinuierliche Entwicklung im Einklang mit der Strategie sind gefragt.

Die Ansprache ethischer und pathetischer Empfindungen, die Vermittlung von Sinn ist die wichtigste Aufgabe der Führungskräfte. Durch „gelebte Werte" und ihre symbolische Vermittlung können Impulse gesetzt werden, die Lern- und Veränderungsprozesse einleiten.

Symbole als „Sprache der mythischen Wahrnehmungsebene" können bei kultursensibler und sinnvoller Anwendung das mythische Weltbild und die Ideologie aufeinander abstimmen. Sie unterstützen dann die Entwicklung eines Bedeutungssystems, das Sinn vermittelt und an dem die Unternehmensmitglieder ihre Ziele und Energien ausrichten können. Durch symbolische Kommunikation kann eine starke gemeinsame Realitätswahrnehmung, Zukunftsorientierung und schließlich die Realisierung eines gemeinsamen Ziels gefördert werden. Ein mythisches Sinnsystem und seine symbolische Vermittlung ist damit tatsächlich ein absoluter Wettbewerbsvorteil.

Dieser Ansatz strebt nicht die einseitige Bewusstseinskontrolle und Wahrnehmungsbeeinflussung an, sondern die kontinuierliche Entwicklung eines mythischen Sinnsystems über einen zeitlichen Prozess. Dieses Sinnsystem kann seinen Kristallisationspunkt in der Tradition, in einer Führungspersönlichkeit mit einem starken Leitthema, in einer faszinierenden Marke oder in einer Vision haben, die sich am evolutionären Fortschritt orientiert. Entscheidend ist, dass durch einen transzendierenden Kristallisationspunkt die Komplexität integriert und dadurch Sinn und Orientierung erfahren wird.

Die Entwicklung und Pflege eines Sinnsystems befriedigt gewissermaßen das mythische Bedürfnis nach dem „Ozean der Gewissheit", wie er vor dem Zusammenbruch der bikameralen Psyche bestanden haben muss. Denn das mythische Denken trennt und abstrahiert den Menschen nicht von seiner Umwelt. Es schafft den „gemeinsamen Nenner", ohne den keine menschliche Gemeinschaft existieren kann.

16. Der Mythos ist das Herz der Marke

Ein gut ausgerichteter Mythos öffnet das kreative Potenzial eines Unternehmens. Er ist der Nährboden für die Entwicklung einer erfolgreichen Unternehmens-Marke, die sich durch eine hochgradige Beständigkeit auszeichnet. Er wird weltweit verstanden. Ist er echt und überzeugend, dann trägt er das Unternehmen durch Umbrüche und Krisen.

Einem Unternehmen, das gut ist, wächst ein Mythos zu. Sehr oft bleibt der eigene Mythos für die Unternehmensleitung jedoch „unsichtbar". Denn wer Teil eines mythischen Sinnsystems ist, verliert den analytischen Blick. Man sieht den Wald vor lauter Bäumen nicht mehr. So wird oftmals ein großes Potenzial verschenkt. Anstatt die Besonderheiten der eigenen Identität wahrzunehmen, zu feiern und nach innen und außen mit seiner Einzigartigkeit zu schillern, bleiben Unternehmen farb- und gesichtslos. Oder sie legen ein kostenintensive Make-up auf, das mit ihrer eigentlichen Identität nichts zu tun hat.

Diese fehlende Identität schwächt die Aura des Unternehmens nach innen und außen. Denn im Zentrum der Unternehmenskommunikation steht der Mensch, ausgestattet mit einem „mythischen Bedürfnis". Er will die Welt als sinnvoll erleben, an die Beständigkeit menschlicher Werte glauben, er sehnt sich nach Orientierung, Echtheit, Ehrlichkeit und Kontinuität. Das gilt für den Mitarbeiter ebenso wie für den Kunden, den Banker, den Lieferanten, den Aktienbesitzer.

Daten und Fakten erreichen nur die Bewusstseinsschicht, die Daten und Fakten verarbeitet. Selbst Aussagen über Werthaltungen und Leistungsmerkmale wie „Zuverlässigkeit" und „Innovationskraft" verpuffen, wenn sie nicht in einer Sprache vermittelt werden, die von der mythischen Bewusstseinsschicht verstanden wird.

Jedes Unternehmen kann einen Mythos entwickeln. Voraussetzung ist, dass es einem authentischen Kristallisationspunkt, einem Leitthema verpflichtet ist und dieses nach innen und außen „lebt". Dann generiert es Faszinationskraft, Ausstrahlung, Kreativität und Glaubwürdigkeit.

Ein Unternehmen ist letztendlich nichts anderes als ein komplexes Geflecht zwischenmenschlicher Beziehungen. Seine Beziehungen umfassen jedoch oft Zeiträume, die weit über ein Menschenleben hinausgehen und vernetzen sich zunehmend über den ganzen Globus. Unternehmenskommunikation ist längst kein eingleisiger Prozess mehr. Die Idee und Botschaft, die hinter allen Handlungen steht, wird Unternehmens-Realität. Das Bewusstsein bestimmt das Sein, der Mythos die Marke.

Literatur- und Quellenverzeichnis

AMSTUTZ, J. (1984): Was ist ein Symbol? In: Symbolforschung. Akten des 1. Symposions der Gesellschaft für Symbolforschung, Bern 1983. HRSG. Gesellschaft für Symbolforschung. Bern, 1984.

ASSMANN, J.: Das kulturelle Gedächtnis. München, 1997.

BENDER, C. (1989): Identität und Selbstreflexion: Zur reflexiven Konstruktion der sozialen Wirklichkeit in der Systemtheorie von N. Luhmann und im symbolischen Interaktionismus von G. H. Mead. Frankfurt/Main, 1989.

BERGER, L./LUCKMANN, T. (1980): Die gesellschaftliche Konstruktion der Wirklichkeit. Frankfurt, 1992.

BIRKIGT, K./STADTLER, M. (1985): Corporate Identity: Grundlagen, Funktionen, Fallbeispiele. Landsberg, 1985.

BLUMENBERG, H. (1979): Arbeit am Mythos. 3. Auflage. Frankfurt/Main, 1986.

BONSEN ZUR, M. (2000): Führen mit Visionen: Der Weg zum ganzheitlichen Management. Niedernhausen, 2000.

BROWN, J./ISAACS, D. (2009): Das World Café: Kreative Zukunftsgestaltung in Organisationen und Gesellschaft. Heidelberg, 2007.

CAMPBELL, A./DEVINE, M (1992): Vision, Mission, Strategie: Die Energien des Unternehmens aktivieren. Aus dem Amerikanischen von Wilfried Hof. Frankfurt/Main, 1992.

CAMPBELL, JOSEPH (1987): Lebendiger Mythos. Wiesbaden, 1987.

CASSIRER, E. (1925): Sprache und Mythos. Leipzig, 1925.

CORNFELD, B./OWEN, E. (1984): Quintessenz: Die schönen Dinge des Lebens. Aus dem Amerikanischen übersetzt von Tim Cole und Katherine Cofer. München, 1984.
COLLINS, J./PORRAS, J. (2005): Immer erfolgreich: Die Strategien der Top-Unternehmen. München, 2005.
DEAL, T. E./KENNEDY, A. A. (1987): Unternehmenserfolg durch Unternehmenskultur. Bonn, 1987.
DEEKELING, E./BARGHOP, D. (2003): Kommunikation im Corporate Change. Wiesbaden, 2003.
DILL, P. (1986): Unternehmenskultur: Grundlagen und Anknüpfungspunkte für ein Kulturmanagement. Bonn, 1986.
DOMIZLAFF, HANS (1939): Die Gewinnung des öffentlichen Vertrauens. 7. Auflage, Wiesbaden, 2005.
DOUGLAS, M. (1991): Wie Institutionen denken. Aus dem Amerikanischen von Michael Bischoff. Frankfurt/Main, 1991.
DUPRÉ, W. (1972): Handbuch philosophischer Grundbegriffe. Hrsg. von H. Krings und anderen, Band 4. München, 1973.
ELIADE, M. (1990): Das Heilige und das Profane: Vom Wesen des Religiösen. Frankfurt/Main, 1990.
FRANKE, V. E. (1979): Der Mensch vor der Frage nach dem Sinn. München/Zürich, 1979.
FRENZEL, K./MÜLLER, M./SOTTONG, H. (2004): Storytelling: Das Harun-al-Raschid-Prinzip. München, 2004.
FREUD, S. (1974): Kulturtheoretische Schriften. Hrsg. Mitscherlich, Alexander und andere. Früherer Titel: Fragen der Gesellschaft: Ursprünge der Religion. Frankfurt/Main, 1986.
FRITZ, H. (1980): Das Evangelium der Erfrischung: Coca-Cola - Die Geschichte eines Markenartikels. Siegen 1980.
GAGLIARDE, P. (1990): Symbols and Artifacts: Views of the Corporate Landscape. New York, 1990.

GAZZANIGA, M. S. (1989): Das Erkennende Gehirn: Entdeckungen in den Netzwerken des Geistes. Hrsg. von H. Petzold. Aus dem Amerikanischen übersetzt von Theo Kierdorf. Paderborn, 1989.

GEERTZ, C. (1983): Dichte Beschreibungen. Beiträge zum Verstehen kultureller Systeme. Frankfurt, 1983.

GREEN, A. (1984): Der Mythos: Ein kollektives Übergangsphänomen. S. 84 115. In: Mythos ohne Illusionen. Frankfurt/Main 1984.

HAMPDEN-TURNER, C. (1982): Modelle des Menschen. Weinheim/Basel, 1982.

HÄUSEL, H.-G. (2008): Brain View: Warum Kunden kaufen. München, 2008.

HEINEN, E. (1987): Unternehmenskultur: Perspektiven für Wissenschaft und Praxis. München/Wien, 1987.

HOFFMANN, E. (1987): Unternehmenskultur in Amerika und Deutschland. In: Harvard Manager, Nr. 4. 1987.

HOLLEIS, W. (1987): Unternehmenskultur und moderne Psyche. Frankfurt/New York, 1987.

HÜBNER, K. (1985): Die Wahrheit des Mythos. München, 1985.

HUTH, L. (1990): Mythos. Berlin 1990.

JAMME, C. (1991): Einführung in die Philosophie des Mythos. Band 2. Darmstadt, 1991.

JAYNES, J. (1988): Der Ursprung des Bewusstseins durch den Zusammenbruch der bikameralen Psyche. Aus dem Englischen übersetzt von Kurt Neff. Hamburg, 1988.

KIBÉD, M. V. VON/SPARRER, I. (2005): Ganz im Gegenteil. Heidelberg, 2005.

KREUTZER, R., ET AL. (1986): Unternehmensphilosophie und Corporate Identity. Arbeitspapier Nr. 40 des Instituts für Marketing. Universität Mannheim, 1986.

KREUTZER, R. T./MERKLE, W. (2007): Die neue Macht des Marketing. Wiesbaden, 2007.

KOLAKOWSKI, L. (1972): Die Gegenwärtigkeit des Mythos. 3. Auflage. München, 1984.

KUBICEK, H. (1984): Führungsgrundsätze als Organisationsmythen und die Notwendigkeit von Entmythologisierungsversuchen. In: Zeitschrift für Betriebswirtschaft ZfB, 54. Jg., Heft 1, 1984.

LAKOFF, G./WEHLING, E. (2007): Auf leisen Sohlen ins Gehirn: Politische Sprache und ihre heimliche Macht. Heidelberg, 2007.

LEVI-STRAUSS, C. (1976): Mythologica H. Frankfurt/Main, 1976.

LEVI-STRAUSS, C. (1967): Strukturale Anthropologie. 2. Auflage. Frankfurt/Main, 1967.

LIVINGSTON, J. (2007): Founders at Work: Stories of Startups' early days. New York, 2007.

Luhmann, Niklas (1984): Soziale Systeme.

MARTIN, J./FELDMAN, M. S./HATCH, M.J./SITKIN, S. B. (1983): The uniqueness paradox in Organizational stories. Administrative Science Quaterly 28, 438-453, 1983.

MATURANA, H. R./VARELA, F. J. (1987): Der Baum der Erkenntnis. 3. Auflage. Bern, München, 1991.

METZINGER, P. (2004): Business Campaigning. Berlin, Heidelberg, 2004.

MURKEN-ALTROGGE, C. (1977): Werbung, Mythos, Kunst. Tübingen, 1977.

NEUBERGER, O./KOMPA, A. (1987): Wir, die Firma: Der Kult um die Unternehmenskultur. Basel, 1987.

NEUBERGER, O./KOMPA, A. (1986): Mit Zauberformeln die Leistung steigern. Serie Firmenkultur H. In: psychologie heute. Juli 1986, S. 58-65.

NEWBERG, A./D'AQVILI, E./RAUSS, V. (2003): Der gedachte Gott: Wie Glaube im Gehirn entsteht. München, 2003.
OTTO, W. F. (1962): Mythos und Welt. In: Jamme, Christoph, 1991. S. 136. (siehe Jamme).
OUCHI, W. G. (1981): Theory Z: How American Business can meet the Japanese Challenge. New York, 1981.
OWEN, H. (2001): Open Space Technology. Stuttgart, 2001.
PANIKKAR, R. (1979): Rückkehr zum Mythos. Aus dem Englischen von Bettina Bäumer. Veränderte Ausgabe. Frankfurt/Main, 1992.
PASCALE, R. T. (1982): Geheimnis und Kunst des japanischen Managements. München, 1982.
PETERS, T. J./WATERMAN (1982): Auf der Suche nach Spitzenleistungen. 3. Auflage. Landsberg, 1991.
PFEFFER, J. (1981): Management as Symbolic Action. In: Research of Organizational Behavior. 3/1981, S. 1-52.
PFEFFER, J. (1992): Power-Management: Endlich wieder wirkungsvoll führen. Aus dem Amerikanischen von Annemarie Pumpernig. Wien, 1992.
PIRSIG, ROBERT M. (1974): Zen und die Kunst ein Motorrad zu warten.
Pondy, L. R./Frost, P. J. und andere (1983): Organizational Symbolism. Greenwich.
RAMER, U. (1987): Mythos und Kommunikation. Frankfurt/Main, 1987.
SCHEIER, CH. DR./HELD, D. (2008): Was Marken erfolgreich macht. München, 2008.
SCHEIN, E. (1985): Organizational Culture and Leadership: A Dynamic View. 3. Auflage. San Francisco, 1986.
SCHÖNHERR, K. (1991): Nach oben geschraubt: Reinhold Würth – Die Karriere eines Unternehmers. Düsseldorf, Wien, New York, 1991.

SCHREYÖGG, G. (1985): Mythen in Organisationen: Zwischenbemerkungen zu einer neuen Strömung in der betriebswirtschaftlichen Forschung. In: Festschrift Josef Kolbinger. Hrsg. von Wilhelm Bühler und anderen. Wien, New York, 1985.
SCHOLZ, C./HOFBAUER, W. (1990): Organisationskultur. Die vier Erfolgsprinzipien. Wiesbaden, 1990.
SHELDRAKE, R. (1988): Das Gedächtnis der Natur. Übersetzt aus dem Englischen von Jochen Eggert. Bern, 1992.
SIMON, H. (2007): Hidden Champions des 21. Jahrhunderts. Frankfurt/M., 2007.
SPATH, CH./FOERG, BERNHARD G. (2006): Storytelling & Marketing. Wien, 2006.
SPRINGER, S. P./DEUTSCH, G. (1987): Linkes – Rechtes Gehirn: Funktionelle Asymmetrien. Heidelberg, 1987.
STEINMANN, H./SCHREYÖGG, G. (1990): Management: Grundlagen der Unternehmensführung. Wiesbaden, 1990.
THIER, K. (2006): Storytelling: Eine narrative Managementmethode. Heidelberg, 2006.
VARELA, F. J. (1990): Kognitionswissenschaft – Kognitionstechnik: Eine Skizze aktueller Perspektiven. Frankfurt/Main, 1990.
VERNANT, J.-P., UND ANDERE (1984): Mythos ohne Illusion. Aus dem Französischen von Ulrike Bokelmann. Frankfurt/Main, 1984.
WATZLAWICK, P., HRSG. (1969): Menschliche Kommunikation: Formen, Störungen, Paradoxien. Stuttgart, Wien, 1985.
WATZLAWICK, P. (1976): Wie wirklich ist die Wirklichkeit? 19. Auflage. München, 1991.
WATZLAWICK, P. (1977): Die Möglichkeit des Andersseins: Zur Technik der therapeutischen Kommunikation. 3. Auflage als Taschenbuch. Bern, Stuttgart, 1991.

WATZLAWICK, P. (HRSG.) (1981): Die erfundene Wirklichkeit. 7. Auflage. München, 1991.
WEBER, M. (1973): Wissenschaft als Beruf. In: Gesammelte Aufsätze zur Wissenschaftslehre. Hrsg. von J. Winckelmann. 4. Auflage. Tübingen, 1973.
WESTERLUND, G./SJÖSTRAND, S.-E. (1975): Organisationsmythen. Aus dem Schwedischen übersetzt von P. Moldenhauer und J. Scherzer. Stuttgart, 1981.
ZERNISCH, P. (2003): Markenglauben managen. Weinheim, 2003.

Die Autorin

Silvia Zulauf,
Diplom-Kommunikationswirtin, ist Spezialistin für Mythos-Research und Mythos-Entwicklung. Sie berät Marken- und Technologieunternehmen sowie CI-Agenturen.

Kontakt

sz@silviazulauf.com
www.silviazulauf.com